泰山金融论丛

RESEARCH ON FUNCTIONS,DEFECTS AND MARKET STRUCTURE OF CREDIT RATING INDUSTRY

信用评级业的功能、缺陷与市场结构研究

李明明 ◎ 著

中国财经出版传媒集团
经济科学出版社
Economic Science Press

图书在版编目（CIP）数据

信用评级业的功能、缺陷与市场结构研究／李明明著．
—北京：经济科学出版社，2021.2
（泰山金融论丛）
ISBN 978-7-5218-2358-5

Ⅰ.①信… Ⅱ.①李… Ⅲ.①信用评级-研究-中国
Ⅳ.①F832.4

中国版本图书馆CIP数据核字（2021）第023294号

责任编辑：刘　悦　杜　鹏
责任校对：蒋子明
责任印制：王世伟

信用评级业的功能、缺陷与市场结构研究
李明明　著
经济科学出版社出版、发行　新华书店经销
社址：北京市海淀区阜成路甲28号　邮编：100142
总编部电话：010-88191217　发行部电话：010-88191522
网址：www.esp.com.cn
电子邮箱：esp@esp.com.cn
天猫网店：经济科学出版社旗舰店
网址：http://jjkxcbs.tmall.com
固安华明印业有限公司印装
710×1000　16开　11.75印张　200000字
2021年3月第1版　2021年3月第1次印刷
ISBN 978-7-5218-2358-5　定价：55.00元

前　言

本书以信息不对称理论、公司财务理论和产业组织理论为基础，采用规范分析法和实证分析法研究信用评级业所具有的功能，分析信用评级业存在的内生性缺陷，探求合理的评级业市场结构。信用评级业是由信用评级机构组成的从事信用评级业务的金融中介行业，是评级对象与投资者的中间人，能够向投资者提供关于评级对象信用风险的信息，为投资者做出决策提供参考。信用评级业所提供的信用评级是根据评级对象的相关信息，按照一定的评级技术，得到的反映评级对象未来偿债风险的等级符号。信用评级根据评级对象分为针对国家的主权信用评级、针对公司的主体信用评级和针对债券的债券信用评级。

尽管信用评级业所提供的主权信用评级、主体信用评级和债券信用评级三种类型评级分别在一国经济发展、公司财务安排以及资本市场运行中发挥着重要的功能，但是在全球性金融危机中，信用评级业的表现饱受诟病。在危机爆发前，国际三大评级机构——标准普尔、穆迪和惠润并未发挥其独特的功能给予投资者必要的提醒，实际上存在着周期性行为等诸多缺陷。针对评级业存在的缺陷，学者提出从建立合理的信用评级业市场结构角度来约束评级机构的行为。那么信用评级业所提供的主权、主体和债券三种不同类型信用评级发挥着怎样的功能？周期性行为是否为信用评级业的内生性缺陷？中国信用评级业的市场结构是否存在最优的竞争程度来降低信用评级业的缺陷？本书在现有文献的基础上，对信用评级业的功能、缺陷与市场结构做了比较系统的理论和实证分析。

本书的研究框架遵循从规范分析到实证分析的研究范式。在第 1 章绪论介绍本书的研究背景、研究问题以及创新点等之后，第 2 章分别从信用评级业的功能、信用评级业存在的内生性缺陷、信用评级业缺陷的解决方案三个方面对国内外相关研究进行了评述。学术界对于信用评级业提供的三种类型信用评级所具有的功能已达成共识。主权信用评级会影响国家主权债务融资成本和资本流动方向进而影响宏观经济增长，具有向投资者提供国家信用风险信息和引导资源在国家间配置的功能。主体信用评级与多种公司财务安排活动有着密切的关联，具有降低企业债务融资约束的功能。债券信用评级具有降低资本市场信息不对称的重要功能，进而降低债券的融资成本。尽管信用评级业所提供的三种不同类型评级具有重要的功能，但是信用评级业存在周期性行为、声誉机制无效性、利益冲突和评级高估等内生性缺陷，使信用评级具有不准确性。针对信用评级业存在的缺陷，相关文献提出建立合理的信用评级业市场结构、采用投资者付费模式、加强监管和建立激励约束机制等解决方案。中国信用评级业发展历史较短，运作方式主要模仿国际信用评级业而来，国内针对信用评级业的理论研究和实证分析相对滞后。因此，本书需要借鉴国外理论分析框架，结合中国信用评级业发展的特点，论证和检验信用评级业的功能、缺陷与市场结构。

第3章、第4章、第5章分别从主权信用评级、主体信用评级和债券信用评级三个角度研究信用评级业的功能。第3章探讨信用评级业提供的主权信用评级如何影响欧元区本国和其他国家经济增长以及这种影响在债务危机期间的异质性。实证结果发现，主权升级会带来本国经济增长率的提升，主权降级会导致本国经济增长率的下跌。在债务危机时期，主权降级对于本国经济增长率的降低作用更小。同时，主权降级会带来其他国家经济增长率的下跌，主权升级没有表现出对于其他国家经济增长的影响。在债务危机时期，主权降级对于其他国家经济增长的效应变弱。进一步地，对于高贸易赤字率、经济规模更小、实际评级改变、加入欧元区前和主权评级水平低于A1级的国家来说，主权降级对于经济增长的影响力更强。对于评级改变次数更多的国家而言，主权升级对于经济增长的影响力更大。实证结果证明，主权信用评级能够向投资者传递国家信用风险的信息，具有引导资源在国家间配置的功能。第4章将研究视角从宏观经济转向微观主体，考察中国信用评级业提供的主体信用评级如何影响并购企业选择支付资金的方式。结果发现，具有主体评级和高主体评级的并购方在并购交易价格中现金支付比例更高，且更容易选择现金作为支付方式。当并购目标公司的信息不对称程度变大时，主体评级存在性对现金支付方式的正向影响力变小。实证结果说明主体信用评级具有降低企业债务融资约束的功能。第5章采用中国债券市场中信息不对称程度更为严重的中小企业私募债，研究了中国信用评级业提供的债券信用评级对私募债融资成本的影响。结果显示，高债券评级能够降低中小企业私募债的融资成本，并且对于民营中小企业发行的中小企业私募债和没有披露财务信息的中小企业私募债而言，债券信用评级的融资成本效应更大。实证结果表明，债券信用评级具有降低资本市场信息不对称的功能。

第6章转向对于中国信用评级业内生性缺陷的分析，揭示中国信用评级业的周期性行为。实证检验所归纳的结论是，相比于经济萧条期，在经济繁荣期，信用评级机构进行评级高估的可能性更大，信用评级的信息含量下降。实证结果表明，在经济繁荣期，信用评级机构的评级准确性降低，这容易给投资者的判断造成误导，甚至可能引起风险积聚。

如何解决信用评级业存在的周期性行为等内生性缺陷，是后危机时代各国监管当局、国际金融学界予以关注的重要议题之一。第7章探讨中国信用评级业采用怎样的市场结构才有利于降低评级业的内生性缺陷。研究结果显示，中国信用评级业竞争程度越大，评级水平越低，且发生降级的可能性越大，即市场竞争降低了评级被高估的可能性。债券收益率差价对信用评级的敏感度随着竞争程度的增加而增加，说明市场竞争有利于提高信用评级的信息价值。上述两个方面结果表明，竞争程度的加剧有利于提高评级准确性。对于民营企业和市场化水平更低的地区所在企业以及由法制化水平更高地区所在评级机构进行评级的企业而言，竞争对于评级准确性的正面效应更大。另外，本书探讨中国信用评级业是否存在最优的竞争程度。结果发现，评级准确性随着信用评级业竞争程度的加剧先升后降，中国信用评级业应采取适度竞争的市场结构。第8章为本书的研究结论、政策建议与研究展望。

总体而言，本书借鉴国外针对信用评级业的先进研究范式，结合中国信用评级业的特殊国情，较为系统地研究了信用评级业提供的三种类型信用评级所具有的功能，分析了信用评级业的周期性行为缺陷，并从建立合理的评级业市场结构角度寻求信用评级业缺陷的解决方案。本书突破了过去国内研究以描述性分析和定性分析为主的状态，采用规范性的实证分析方法对信用评级业的相关问题做出论证。本书的研究对于建立健康完善的中国本土信用评级业具有重要启示，为优化中国金融市场资源配置提供理论观点和经验证据的支持。

李明明

2020年12月

目　录

第1章 绪 论

本章首先阐述本书的研究背景进而提出相关研究问题；其次指出本书的研究思路并且描述相应的研究方法；最后分析本书的研究内容和主要的创新点。

1.1 研究背景及问题提出

1.1.1 研究背景

现代金融业是建立在信用基础之上的，复杂的金融形势使投资者不得不求助于信用评级业来对国家、公司和债券进行风险评估以做出投资选择。中国作为经济处于中高速发展的大国，在加快金融市场转型的关键时期，完善信用评级业的发展具有一定的紧迫性。

信用评级业是由信用评级机构组成的从事信用评级业务的金融市场服务中介行业，是评级对象与投资者的中间人，能够向投资者提供关于评级对象偿债风险的信息。信用评级机构则是由各类专家组成的对于评级对象进行信用风险评定的组织。国际信用评级业的历史超过百年，国际评级业主要由三家信用评级机构组成，分别是标准普尔（Standard & Poor's）、穆迪（Moody's）和惠润（Fitch）。中国信用评级业是借鉴美国信用评级业已经成熟的评级行业理念发展而来，仅有20多年的历史，仍旧处在发展初期，主要的信用评级机构有联合资信、大公国际、中诚信国际、上海新世纪、中诚信评估、鹏元等。中国信用评级业起步较晚，声誉资本需要加快积累，提升信用评级的准确性。本部分从信用评级业的功能、周期性行为缺陷和评级业市场结构三个方面对本书的研究背景进行介绍。

1.1.1.1 信用评级业的功能

信用评级业所提供的信用评级是根据评级对象的相关信息，按照一定的评级技术，得到反映评级对象未来偿债能力和按期还本付息可能性的等级符号。信用评级业提供的信用评级根据评级对象不同分为三种类型：针对国家的主权信用评级、针对公司的主体信用评级和针对债券的债券信用评级。信用评级业提供的这三种类型的信用评级具有不同的功能。

从主权评级来看，主权信用评级能够向投资者传递关于国家信用风险的信息，具有引导资源在国家间配置的功能，对于国家经济增长具有较强的影响力。主权信用评级是对于一国政府未来偿还主权债务能力的衡量。标准普尔、穆迪和惠润三大评级机构所给出的主权信用评级对于各国经济发展具有重大影响力，并且能够影响其他国家。研究指出，主权信用评级能够影响主权债券和股票收益率，改变各国在国际金融市场上的融资成本（Cantor and Packer，1996；Brooks et al.，2004），也能够影响资本的流入和流出（Gande and Parsley，2014；Longstaff et al.，2011）。从利率和资本流动两种渠道上来看，主权信用评级对于国家经济增长产生重要作用（Chen et al.，2016）。同时，主权信用评级改变会通过溢出到其他国家的债券市场和股票市场进而影响其他国家的经济增长率（Kaminsky and Schmukler，2002）。因此，本书以在欧洲主权债务危机中受到主权信用评级深刻影响的欧元区国家为样本，探讨主权信用评级改变对本国经济增长率的影响，以及研究评级改变是否能够带来其他国家经济增长率的变化。同时考察危机时期主权信用评级对于本国和其他国家经济增长的影响是否存在异质性。

从主体评级来看，主体信用评级具有缓解企业债务融资约束的功能，在公司财务安排中发挥着重要的作用。主体信用评级是对企业未来偿还债务可能性的判断。当公司需要从债券市场筹集资金时，获取主体评级可以提升其融资能力（Denis and Mihov，2003；Lemmon and Zender，2010）。而在并购活动中，决定并购方选择何种支付方式的关键因素是其所面对的融资约束大小，具有更强融资能力的并购方更容易在并购中选择支付现金（葛伟杰等，2014）。由于主体评级可以提升并购方的融资能力，企业存在主体评级或高主体评级，可以获取更多的资金，更愿意在并购支付中采取现金进行支付（Karampatsas et al.，2014）。与国外多种类型的并购支付方式相比，中国的并购活动中以现金支付为主导。在此背景下，缓解并购方的融资约束是提高并购活动效率的重大问题。本书通过考察主体评级对并购支付方式的影响力，探讨中国信用评级业给出的主体信用评级是否具有缓解企业债务融资约束的功能。

从债券评级来看，债券信用评级具有降低资本市场信息不对称的功能，在债券市场起到降低债券融资成本的作用。债券信用评级是反映债券未来按时向投资者偿还本息可能性的符号。债券发行人通过债券评级，将自身的高信用质量信号传递给投资者，提升投资者对债券的认可度，降低融资成本（Liu and Malatesta，2006）。进一步地，债券评级级别与债券融资成本呈现负相关关系（Kisgen and Strahan，2010）。以中小企业私募债为例，由于存在较为严重的信息不对称问题，中小企业一直面临融资难的困境（Stiglitz and Weiss，1981）。为了能够增加中小企业的融资来源，在2012年，证监会推出了中小企业私募债，这是一种高收益和高风险共存的金融创新产品。在初期，因为私募债发行程度简单，同时并没有财务状况限制，很多投资者选择购买该债券。但是在发行后期，投资者对其认可度下降，其中可能的原因是债券信用评级机制的不足。债券评级制度具有降低信息不对称的功能，中小企业私募债需要建立信用评级制度来降低私募债的融资成本（郭娜，2013；周敏，2013）。本书从实证角度研究债券评级如何影响中小企业发行的私募债融资成本。

中国经济正处在关键的转型期，在这个特殊的时期，发展资本市场是重中之重。但是相比于国外发达的资本市场，中国资本市场的发展一直处于较为落后的状态，其中市场透明度低、中小投资者的利益得不到保护是制约资本市场繁荣的原因。在这种背景下，信用评级业的作用就开始体现出来，信用评级业能够降低投资者的信息搜寻成本，提升资本市场的资源配置效率。

近几年，中国债券市场信用风险逐渐凸显，债券市场信用风险开始显现，在未来信用债券违约逐渐常态化的背景下，投资者需要更加准确地把握债券投资所隐含的潜在风险，这对信用评级的准确性提出了更高的要求。因此，建立健康有效的信用评级业，约束评级机构提供准确评级变得尤为重要。

1.1.1.2　信用评级业的周期性行为缺陷

虽然信用评级业所提供的主权信用评级、主体信用评级和债券信用评级这三种类型评级具有如此重要的功能，但是信用评级业在全球性金融危机和欧洲主权债务危机中的表现却是差强人意，暴露出自身存在着的诸多缺陷。国际三大信用评级机构——标准普尔、穆迪和惠润声称能够提供准确评级来指导投资者的投资行为。但是，在危机发生前信用评级机构未能够给予投资者以必要的提醒，反而成为金融危机的助推者。学者们批评信用评级业存在着周期性行为、声誉机制无效性、利益冲突和评级高估[①]等缺陷。借鉴美国信用评级模式发展起来的中国信用评级业是否存在这些缺陷值得深入探讨。

在信用评级业存在的内生性缺陷中，信用评级业的周期性行为是较为突出的缺陷，信用评级业在经济繁荣期和萧条期的表现具有异质性。一个典型的现象是，在金融危机前后，国际三大信用评级机构的行为模式表现出一定的差异性。在危机前的市场繁荣期，评级机构倾向于给予债券高级别或者提高债券评级。而在危机后的市场萧条期，评级机构又大幅降低债券评级（Benmelech and Dlugosz，2010）。本书研究信用评级机构随经济基本面变化而变化的模式，探讨评级水平和评级信息价值如何随着经济波动而波动。

近年来，国内外围绕信用评级业周期性行为缺陷的研究有大量理论和实证方面文献。但是从相关文献来看，经济周期与信用评级相关关系的研究主要局限于以国际三大信用评级机构为制度背景，针对中国债券信用评级周期性行为的实证研究尚未出现。本书借鉴贝克尔和米尔本（Becker and Milbourn，2011）、何平和金梦（2010）、朱松（2013）、王雄元和张春强（2013）的实证方法，从债券评级对债券一级市场和二级市场影响力的角度来衡量债券市场的信息价值，进而在中国背景下考察经济周期对评级水平及评级信息价值的影响。

在中国背景下探讨信用评级业的周期性行为具有现实意义。国际信用评级机构已有百年以上的历史，在资本市场中具有很大的话语权，而中国本土的信用评级业历史仅有20余年，处在发展初期，社会公信力不强，存在诸多缺陷，其中一个就是信用评级业在经济繁荣期的评级高估和评级信息价值下降的问题。

根据经济增长率的“谷—谷”分析法，中国经济从1949～2009年共经历的经济周期有10个，从2010年开始进入到第11个经济周期（刘树成，2006、2009）。中国从2003～2007年的经济增长率保持在10%以上，但是在

① 评级高估（rating inflation）的含义是：信用评级机构给予债券发行人的评级高于发行人本身实际的评级。

2008 年受到全球性金融危机的影响，增长率下滑到 10% 以下。虽然在 2010 年经济增长率反弹回到 10.45%，但是到 2012 年又下跌到 7.65%。在前几年的经济繁荣期，信用评级机构的评级高估行为低估了债券的违约风险，导致在近年来经济萧条期未被识别的债券风险开始显现出来。这也是为何近期债券市场延迟兑付事件层出不穷，甚至在 2014 年出现了超日债首例违约事件。所以，信用评级机构在经济繁荣期的评级高估行为会对投资者造成一定程度的误导，使投资者系统性地低估债券的潜在风险，从而给金融体系带来不稳定因素，这对宏观经济无疑是一种潜在的风险。

随着中国经济改革的深入，债券市场的重要性逐渐体现出来，国家出台一系列政策来支持债券市场的发展。在未来债券市场的市场化机制日趋完善的背景下，金融体系乃至整个经济体系都对评级的准确性产生了较大的需求。

1.1.1.3　信用评级业市场结构探析

在全球金融危机和欧洲主权债务危机中，国际三大信用评级机构的表现暴露出诸多内生性缺陷。针对信用评级业存在的这些缺陷，国内外学者探讨可能的解决方案，包括建立合理的评级业市场结构对信用评级机构进行约束、采用投资者付费模式替代发行人付费模式（Cornaggia，2013）、加强监管（Reiss，2009）、建立激励约束机制（Listokin and Taibleson，2010）等。本书将从建立合理的信用评级业市场结构角度探讨提高信用评级准确性和解决信用评级业缺陷的方法。

根据传统产业组织理论，行业的市场结构决定了市场行为和市场绩效（Scherer，1980）。同样地，信用评级业的市场结构关系到评级效率和准确性。对于实践中应当采取何种信用评级业市场结构的问题，学界存在两种不同的观点。“竞争有利说”认为，垄断式的市场结构会导致评级不准确性和利益冲突，竞争性的市场机构会更加有效（Partnoy，1999、2001）。与之相反，“垄断有利说”认为，垄断式的评级业市场结构有利于避免评级选购①所带来的评级高估问题，即垄断会带来更加准确的评级（Bolton et al.，2012；Bongaerts et al.，2012）。这一观点得到了贝克尔和米尔本（Becker and Milbourn，2011）针对美国信用评级业市场结构研究的实证支持，他们采用

① 选购评级（rating shopping）的含义是：证券发行人为了得到更高的评级，选择向几家评级机构同时提出评级申请，并且仅向市场公布获得的最高评级，将对自身不利的评级掩盖。

国际信用评级业中市场份额最低的惠润评级公司的份额来衡量国际信用评级业竞争程度的变动。实证结果显示，随着惠润公司市场份额的提高，即评级业竞争程度的加剧，评级更容易被高估，评级的信息价值降低，即国际评级业竞争程度的加剧负向影响信用评级准确性的提升。

本书致力于探讨中国背景下的信用评级业市场结构对于评级准确性的影响，即对评级水平和评级信息价值的影响。但是需要强调的是，中国信用评级业与美国信用评级业具有较大区别。

美国信用评级业产生于 1909 年，早期的信用评级业市场结构是竞争性的，信用评级机构之间有序竞争，致力于提供准确而有效的评级。但是在 1975 年之后，美国证券交易委员会（SEC）开始以设立“国家认可统计评级机构（NRSRO①）”的形式限制信用评级业的竞争，规定发行人只有获得 NRSRO 成员机构的评级才能受到监管当局的认可，管制性证书②（regulatory licenses）的发放造成了以穆迪、标准普尔和惠润这三大机构为主的垄断性市场结构。在这种市场结构下的美国信用评级业遭受到各方关于评级准确性的质疑。

中国信用评级业产生于 20 世纪 80 年代末。最初，中国信用评级业的市场结构是以联合资信、大公国际和中诚信国际为主的垄断性市场结构，但近几年以鹏元为代表的一批规模较小的评级机构发展迅速，中国信用评级业的市场结构发生了较大变化。样本显示，大公国际、中诚信国际和联合资信的市场份额总和从 2006 年的 94.0% 下降到 2013 年的 54.1%，而鹏元的市场份额从 2008 年的 0.4% 快速上升到 2013 年的 29.9%。与之对应，评级业的赫芬达尔指数呈现基本的逐年下降趋势。这些均表明，中国信用评级业竞争程度逐年上升。

---

① NRSRO（Nationally Recognized Statistical Ratings Organizations）是国家认可统计评级机构的简称。1975 年，美国证券交易委员会（SEC）规定企业发行的债券必须超过一定级别的评级，这对信用评级机构的权威性产生了更高的要求，进而提出了 NRSRO 的概念。它的主要含义是只有能够成为 NRSRO 成员的信用评级机构所给出的评级才具有公信力。标准普尔、穆迪和惠润是三家首次获得 NRSRO 成员资格的信用评级机构。在 20 世纪 80 年代 NRSRO 的成员共有七家，这一数字在 20 世纪 90 年代由于并购降低为三家。目前 NRSRO 成员机构共有九家，但是市场结构是以三大信用评级机构为主的垄断式结构。

② 管制性证书，美国证券交易委员会（SEC）规定，投资者只能够购买具有 NRSRO 成员评级机构给予评级的债券，债券发行人所发行的债券只有获得 NRSRO 成员机构的评级才能受到监管当局的认可。因此，作为 NRSRO 成员的评级机构给予债券的评级就类似于向债券发行人售卖一种获得监管认可的证书。

与美国信用评级业不同，中国信用评级业具有以下特点：第一，产生时间较晚，声誉资本积累有限，而相关法规并未施加管制证书标准，信用评级业市场进入壁垒较低。第二，市场竞争结构变化迅速，竞争程度呈上升趋势。中国信用评级业的相关特征为研究转型经济条件下市场结构与评级准确性提供了很好的数据支撑：首先，由于中国信用评级业竞争程度较高的时变性，研究中国信用评级业竞争程度的效果，相比于美国三大信用评级机构持续垄断背景下的研究更具科学性；其次，本书关注的一个核心问题是，在转型经济条件下哪种信用评级业市场结构更有利于约束信用评级机构提供准确评级和降低缺陷。

相比于国际三大评级机构的百年发展历史，中国信用评级业处在发展初期，行业呈现出不规范的缺陷，其他方面也具有众多薄弱之处，中国信用评级业正处在一个转型发展期。因此，借鉴国际信用评级业发展进程中的经验教训，对于中国信用评级业现在存在的冲突矛盾进行反思和研究，建立合理的中国信用评级业市场结构，从而约束信用评级机构积累声誉资本和提供正确评级，具有重大意义。

1.1.2 研究问题

根据以上论述，信用评级业所提供的主权、主体和债券评级在国家经济增长、公司财务安排和资本市场运行中具有重要功能。但是，中国信用评级业存在周期性的行为缺陷，这会导致评级的不准确性。为了解决信用评级业的内生性缺陷，中国信用评级业需要建立适当的市场结构以约束评级机构提供准确有效的评级。具体而言，在以下的部分本书将探讨五个方面的问题。

第一，本书将探讨信用评级业提供的主权信用评级是否具有向投资者提供国家信用风险信息和引导资源在国家间配置的功能，考察主权信用评级对宏观经济增长的影响。本书要考察的问题包括：主权评级改变是否会影响本国和其他国家未来的经济增长率？在债务危机时期，主权评级改变对于经济增长率的影响是否有所不同？对于不同类型的国家和不同的评级改变类型，主权信用评级改变对于经济增长率是否有异质性影响？

第二，本书将探讨信用评级业提供的主体信用评级是否具有缓解企业债务融资约束的功能，考察主体信用评级对并购支付方式的影响。本书要考察的问题包括：存在主体评级的企业在支付并购价格时是否更倾向于采用现金支付方式和采用更高的现金支付比例？高主体信用评级的并购方是否会在并购支付中采用更高的现金支付比例和更倾向于采用现金支付方式？对于不同的并购方目标公司信息不对称程度来说，主体评级存在性对并购支付方式的影响力是否不同？

第三，本书将分析信用评级业提供的债券信用评级是否具有降低资本市场信息不对称的功能，考察债券信用评级在资本市场上的影响力。中小企业私募债是由中小企业发行的融资工具，有利于解决中小企业的融资约束问题。但是中小企业私募债由于信息披露不健全的原因，信息不对称更加明显。因此，本书以中小企业私募债为例探讨债券信用评级对于私募债融资成本的影响。主要探讨的问题包括：对于中小企业私募债而言，债券评级是否能够降低私募债的融资成本？对于产权性质不同、透明度不同的私募债来说，债券评级对于私募债融资成本的降低作用是否不同？

第四，根据前面的分析，虽然信用评级业提供的主权信用评级、主体信用评级和债券信用评级三种不同类型的评级具有重要功能，但是中国信用评级业存在内生性缺陷，最重要的缺陷是信用评级业的周期性行为问题。因此，本书探讨相比于经济萧条期，在经济繁荣期，信用评级业进行信用评级高估的可能性是否增大？相比于经济萧条期，在经济繁荣期，信用评级的信息价值是更高还是更低？

第五，本书将从优化中国信用评级业市场结构的角度来探讨信用评级业缺陷的解决方法。中国信用评级业竞争程度的提升是否会降低评级高估的可能性，是否能够提升信用评级的信息价值？对于不同产权性质、市场化水平和法律环境的企业来说，信用评级业竞争程度对于评级的影响力是否具有异质性？信用评级业中的竞争程度是否存在最优点？评级水平是否随着评级业竞争程度的加剧先降后升？评级业信息价值是否随着评级业竞争程度的提高先升后降？这些问题都将在后续的分析中得到答案。

1.2 研究思路与研究方法

1.2.1 研究思路

本书在对国内外文献分析的基础上，以信息不对称、公司财务和产业组织中的垄断竞争为理论基础，以信用评级业提供的主权、主体和债券三种类型评级具有不同的功能、信用评级业存在内生性缺陷和信用评级业市场结构有待完善为现实背景，研究信用评级业的功能、周期性缺陷和寻找合理的评级业市场结构。本书研究具体的逻辑关系与研究方法如图 1.1 所示。

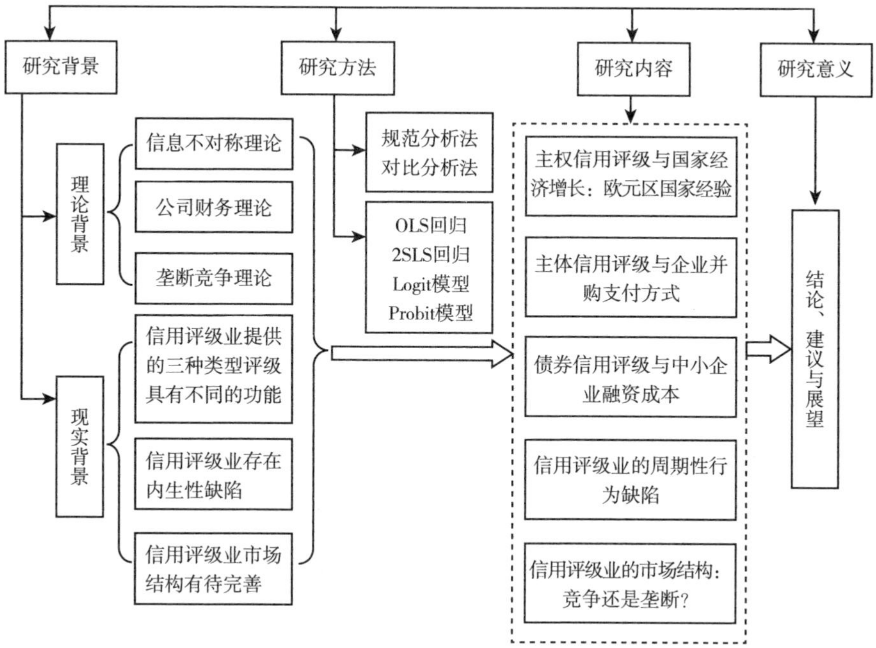

图 1.1 技术路线

本书的研究思路如下：首先，基于资本市场信息不对称、公司财务和垄断竞争理论的原理并且追踪中国信用评级业的现实背景，提出了本书需要研究的问题。其次，将本书研究问题进行具体分解，找到对应的研究样本和方法。再其次，对具体研究问题相关研究进行文献述评，得到现有研究的不足，引出本书的框架，即信用评级业所提供的主权评级、主体信用评级和债券信用评级三种类型评级所具有的功能、信用评级业的周期性缺陷和信用评级业合理的市场结构。随后，分析各个具体问题的内在影响机制，建立相应的实证分析模型并且搜集实证分析所需的数据，分别考察了主权信用评级对于宏观经济增长的影响、主体信用评级对企业并购支付方式的影响、债券信用评级与中小企业私募债融资成本的关系、信用评级业的周期性行为缺陷和信用评级业市场结构问题。在本书的实证分析中，采用了描述性统计方法和实证回归分析方法，在回归模型中采用了普通最小二乘法、二阶段最小二乘法和 Logit 模型等方法考察以期得到较为稳健的实证结果，而且对于得到的实证结果进行解释说明。最后，总结全书结论并且提出政策建议，指出未来可能的研究展望。

1.2.2 研究方法

为了保证本书研究能够较为顺利地进行，需要采用合适的研究方法。本书计划采用实证和规范分析结合、定量和定性分析结合的方法。具体而言分为以下两种类型。

第一，规范分析法。本书针对信用评级业的研究阅读了大量国外和国内的相关文献。通过对过去研究成果和前沿理论的分析追踪，本书的研究具备了信息不对称理论、公司财务理论和产业组织中的垄断竞争理论等理论基础和相应的方法指导。接下来，本书在各章中的研究假设部分对于各章研究问题进行理论分析，阐释研究问题的具体影响机制。公司财务理论被应用到主体信用评级对于并购支付方式影响的分析中，债券信用评级对于中小企业融资成本的影响借鉴了资本市场的信息不对称理论，信用评级业市场结构的探析利用到产业组织的垄断竞争理论。由于国内信用评级业的特殊性，在研究信用评级业功能、内生性缺陷和市场结构时无法完全采用国外的研究方法和研究结论，是需要结合中国特殊的制度背景，提出符合中国信用评级业现实的逻辑框架。

第二，实证研究分析法。本书在理论分析的基础上，基于中国信用评级数据，运用 OLS 模型、2SLS 回归方法对主权信用评级与国家经济增长的关系、债券信用评级与中小企业融资成本的关系、信用评级业的周期性行为和信用评级业的市场结构等相关问题进行计量分析。该方法所采用的样本数据规模较大，在控制了其他变量以后，能够较好地分析自变量对因变量的影响，是适合于本书研究的方法。由于企业并购支付方式变量的特殊性，本书采用 Probit 和 Tobit 模型针对主体信用评级与企业并购支付方式相关关系进行实证检验。基于实证计量分析的证据，进一步为信用评级业发展提供相应的政策建议。

1.3 研究内容与创新点

1.3.1 研究内容

本书研究的是信用评级业所提供的主权信用评级、主体信用评级和债券信用评级这三种不同类型评级所具有的功能、信用评级业的周期性缺陷及信用评级业市场结构问题，为此本书按以下路径研究这些问题，如图 1.2 所示，本书共分为 8 章，具体章节安排如下。

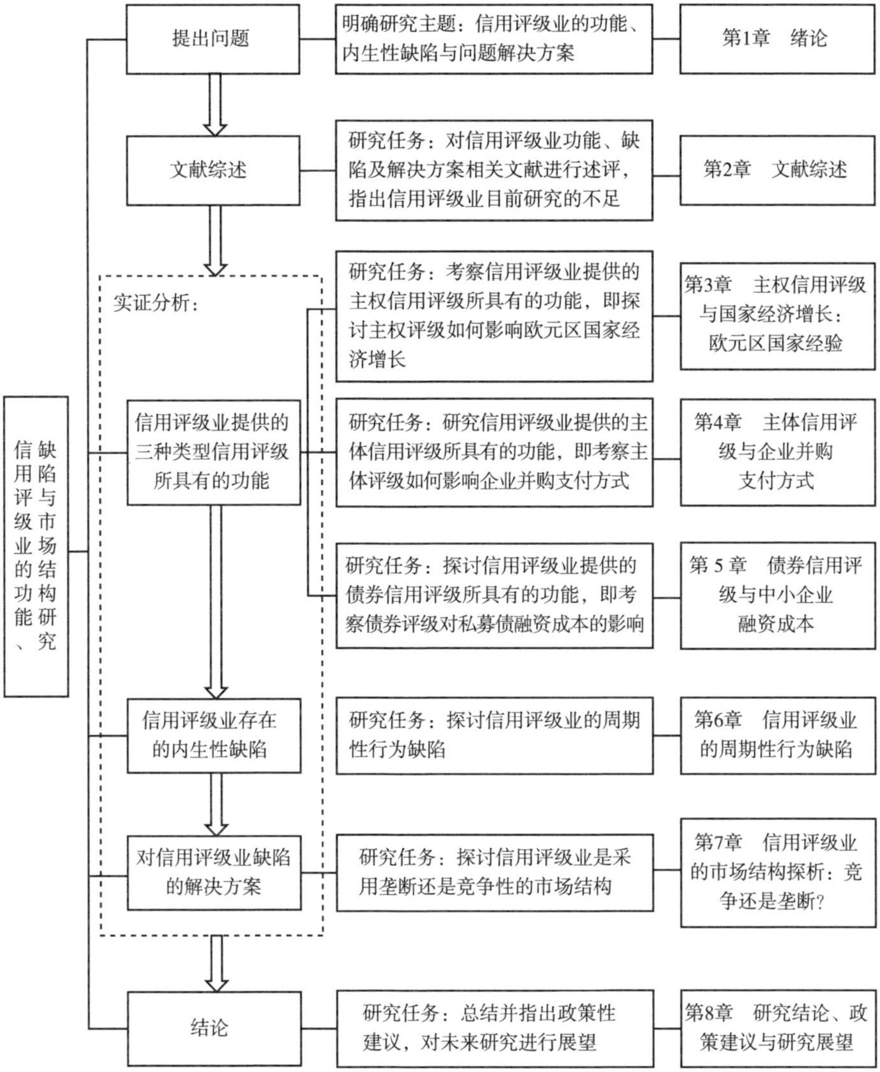

图 1.2　本书的研究内容

第 1 章为绪论，对于本书进行总体概述。首先阐述本书的研究背景进而提出研究问题；其次分析本书的研究思路和研究方法；最后指出本书的研究内容和主要的创新点。

第 2 章为文献综述，对本书研究问题相关的国内外文献进行总结，以信息不对称、公司财务和产业组织中的垄断竞争为理论基础，提出本书的研究问题。从内容上看，与本书相关的文献主要集中在信用评级业提供的主权、主体和债券三种不同类型信用评级在宏微观经济中的功能、信用评级业的内生性缺陷和信用评级业缺陷的解决方案三个方面。信用评级业的功能主要分为主权信用评级与宏观经济、主体信用评级与企业财务安排、债券信用评级与债券融资成本三个方面。随后，本章对国内外文献进行述评，指出现有研究的不足并且提出研究问题。

第 3 章探讨信用评级业提供的主权信用评级是否具有向投资者提供国家信用风险信息和引导资源在国家间配置的功能，采用欧元区国家的面板数据考察主权信用评级对于本国和其他国家经济增长率的影响及这种影响在债务危机期间的异质性。本章主要探讨主权升级是否会带来本国经济增长率的上升，主权降级是否会带来本国经济增长率的下跌。同时考察在债务危机时期，主权评级改变对于本国经济增长率的影响力是否有所不同。进一步地，本章研究一国的主权评级改变是否会影响其他国家进而造成其他国家的经济增长率改变。并且在非债务危机时期和债务危机时期，主权评级改变对其他国家经济增长的影响是否具有异质性。另外，本章考察对于不同类型的国家和不同的评级改变类型，主权评级改变对于本国经济增长的影响力是否存在不同。

第 4 章探讨信用评级业提供的主体信用评级是否具有缓解企业债务融资约束的功能，使用 Tobit 和 Probit 等模型考察主体信用评级存在性和主体信用评级水平对并购支付方式选择的影响，即探讨具有主体信用评级和主体评级水平更高的并购方在并购交易价格中是否更加倾向于采用更高的现金支付比例和更倾向于选择现金支付方式。进一步地，本章研究了对于不同并购目标公司的信息不对称程度，主体信用评级存在性对现金支付方式的异质性影响。另外，本章采用 Tobit 和 Probit 二阶段最小二乘法控制了主体信用评级的内生性问题从而进行稳健性检验。

第 5 章探讨信用评级业提供的债券信用评级是否具有降低资本市场信息不对称的功能，考察债券信用评级如何影响中小企业私募债的融资成本。同时，本章探讨对于民营中小企业发行和没有披露财务信息的中小企业私募债而言，债券信用评级的融资成本效应是否具有异质性。另外，本章研究了担保机制对于中小企业私募债融资成本的影响和不同类型担保机制所带来的中小企业私募债融资成本高低。

第6章考察信用评级业是否存在周期性行为缺陷，即探讨经济基本面如何影响债券信用评级水平及其信息价值。首先，本章研究了相比于经济萧条期，在经济繁荣期，信用评级机构是否更容易进行评级高估；其次，本章探讨了信用评级所具有的信息含量，即评级对于债券市场的一级市场和债券二级市场的作用，如何随着经济周期变化而变化。

第7章将研究视角深入到采用怎样的信用评级业市场结构有利于约束评级机构提供准确有效的评级和解决信用评级业的缺陷。针对信用评级业市场结构的相关研究，学界存在“竞争有利说”和“垄断有利说”两种对立的观点。首先，本章考察了中国信用评级业竞争程度对于评级水平和评级改变的影响；其次，借鉴信用评级的信息价值模型探讨了债券收益率差价对信用评级的敏感度如何随着竞争程度增加而变化；再其次，本章研究了对于不同所有权企业、市场化水平和法制环境的企业而言，竞争对于评级水平的异质性影响；最后，本章通过引入评级业竞争程度的二次方项考察信用评级业的最优竞争程度，探讨评级水平、评级业信息价值如何受到评级业竞争程度平方项的影响。

第8章为全书的研究结论、政策建议与研究展望。总结全书的结构，指出研究结论，并据此提出相关的政策建议，同时指出现有研究的不足和提出未来研究的打算。

1.3.2　创新点

相比于过去的研究，从具体内容上看，本书的创新点有四个方面。

第一，本书首次围绕着信用评级业的功能、缺陷及缺陷的解决方案展开系统性的实证研究。国外针对国际信用评级业的研究在理论模型和实证分析两个方面均发展得较为成熟，而中国信用评级业借鉴国际信用评级业的先进范式，发展历史较短。国内相关研究处于起步阶段，具有少量的实证分析，实证经验证据相对缺乏。本书首先实证考察信用评级业提供的主权信用评级、主体信用评级和债券信用评级三种类型评级所具有的功能；其次研究信用评级业具有的周期性行为缺陷；最后探索合理的信用评级业市场结构以解决评级机构的缺陷。本书围绕着信用评级业做系统而深入的实证研究，突破了国内研究的定性分析研究范式，丰富了国内外关于信用评级业的相关研究。

第二，本书率先从实证角度探讨了信用评级业提供的主权信用评级、主体信用评级和债券信用评级这三种类型评级分别在宏观经济、公司财务安排和资本市场运行中所具有的功能。

首先，本书首次实证考察了信用评级业提供的主权信用评级对于欧元区国家经济增长的影响，证明了主权信用评级具有向投资者提供国家信用风险信息的功能。现有针对主权信用评级功能的研究集中于主权信用评级对主权债券市场、CDS 市场和股票市场的影响力，直接检验主权信用评级与经济增长的理论分析和实证检验研究较少。同时现有探讨主权评级与经济增长关系的研究存在一定局限性，即并没有讨论在债务危机时期的异质性，同时未涉及主权评级对于其他国家经济增长的影响。欧元区国家经历了债务危机，经济联系紧密，这为本书提供了典型的研究样本，有利于进一步揭示主权评级的作用机理，增加了主权评级效应的相关证据。

其次，本书首次实证考察中国主体信用评级对于企业并购支付方式选择的影响，证明了主体评级具有降低债务融资约束的功能。现有主体信用评级与公司财务安排关系的研究着重于探讨主体评级与盈余管理、公司治理和资本结构的相关性，对于主体评级与并购支付方式关系的相关研究相对缺乏。尽管部分研究指出主体评级具有缓解企业债务融资约束的功能，但是仅限于直接认识和假设，并没有提供实证证据进行证明。本书结合中国制度背景，考察中国主体信用评级对并购支付方式的影响，提供了间接证据证明主体评级具有缓解企业债务融资约束的功能，拓展了国内关于主体信用评级与公司财务安排相关关系的研究。

最后，本书首次实证考察中国债券信用评级对于中小企业私募债融资成本的影响，证明了债券评级具有缓解资本市场信息不对称的功能。已有考察债券评级影响债券融资成本的研究对象一般为企业债、公司债、中期票据和短期融资券，未有研究涉及中小企业私募债。但是在中国特殊的制度背景下，中小企业本身存在的严重信息不对称问题是造成融资难的关键因素。因此，本书选取中小企业私募债这一特殊的债券类型来证明债券评级缓解信息不对称的功能具有更强的合理性。同时，现有关于债券评级在中小企业私募债中起到作用的研究以定性分析和统计分析为主，未有研究给予实证证据证明债券评级对于中小企业私募债融资成本的影响。本书给予实证上的经验证据，首次实证考察了债券信用评级对于中小私募债融资成本的降低作用，且探讨了对于不同类型私募债而言债券评级的异质性作用。这弥补了过去中小企业私募债研究中实证研究的缺口，对于中小企业私募债的机制设计和缓解中小企业融资困境具有重要参考价值。

第三，本书在中国特色背景下率先从实证角度探讨了中国信用评级业的周期性行为缺陷。已有关于信用评级业周期性行为缺陷的相关研究以理论模型分析为主，模型证明了评级业在经济繁荣期容易出现评级高估和评级质量在经济繁荣期的下降，但是并未有实证检验证实这种现象的存在。本书结合中国的制度环境，为该理论提供实证经验证据，证实了评级机构在经济繁荣期更容易进行评级高估和出现评级信息含量下降，有助于监管部门在不同的时期科学制定并实行不同的措施来对信用评级业进行监管。

第四，本书在中国特色背景下率先从实证角度研究中国信用评级业合理的市场结构，以期解决评级业存在的缺陷。国外针对国际信用评级业市场结构的研究从实证分析和理论模型两个方面均发展得较为成熟。本书从发展历史、声誉积累等方面对中国信用评级业和国际信用评级业的区别进行分析后，率先在转型经济条件下实证探讨了中国信用评级业的市场结构对于评级准确性的影响，证实了“竞争有利说”在中国的适用性并且得到了评级业最优的竞争强度，推动了信用评级业市场结构的相关研究。同时，本书还将信用评级业市场结构与制度背景、产权性质结合起来，分析了信用评级行业竞争机制的异质效应，为更好地发挥评级机构的信息中介功能提供了实证支持。

第2章　文献综述

2.1　信用评级业的功能

信用评级业是由信用评级机构组成的金融中介行业。信用评级业提供的信用评级能够向投资者表明评级对象的信用质量，包含投资者在其他渠道无法获得的内部信息，从而能够向投资者提供额外信息，具有信息价值（Hsueh and Kidwell，1988；Micu et al.，2004）。信用评级业所提供的信用评级根据评级对象的不同分为三种类型：针对国家的主权信用评级、针对公司的主体信用评级和针对债券的债券信用评级，不同类型信用评级所具有的功能不同。本部分将对信用评级业提供的三种不同类型评级所具有的功能分别进行文献回顾：主权信用评级与宏观经济、主体信用评级与公司财务安排、债券信用评级与债券融资成本。

2.1.1　主权信用评级与宏观经济

国内外针对主权信用评级影响的研究较为丰富，主要分为：主权信用评级对于债券市场的影响、主权信用评级对于股票市场的影响、主权信用评级对于资本流动的影响、主权信用评级对于本国经济增长率的影响、主权信用评级的溢出效应、危机时期主权信用评级的影响六个方面。

第一，主权信用评级对于债券市场的影响。部分研究考察主权信用评级对于主权债券市场的影响力。冷泉和冯—马尔赞（Reisen and Von Maltzan，1999）考察1989～1997年的主权信用评级和债券差价之间的关系。首先，采用事件研究法发现评级升级和降级公告前后30个交易日具有显著的市场反应；其次，采用格兰杰因果检验发现主权评级和债券差价间是相互决定的关系。实证结果表明，主权评级能够带来新兴市场借贷的繁荣萧条周期。冷泉和冯—马尔赞（Reisen and Von Maltzan，1998）考察两大评级机构针对49个国家的主权债务评级对于债券收益差价和股票市场收益的影响，研究主权评级是否会影响债券市场和股票市场的波动性。首先，采用1988~1995年的非平衡面板数据和使用格兰杰因果检验方法。其次，采用事件研究法考察主权评级改变后收益率差价的变化。最后，采用事件研究法考察了债券和股票收益波动性的反应。卡瓦略等（Cavallo et al.，2008）考察主权评级对于信用差价的影响，结果表明主权评级确实具有信息价值。康托和帕克（Cantor and Packer，1996）通过事件研究法发现，主权评级能够带来显著的债券收益差价，负向的主权评级改变会导致主权债券差价的显著升高。投资性级别以下的主权评级影响力大于投资性级别的主权评级的影响力，容易预测的主权评级影响力大于难以预测的主权评级的影响力。吴等（Wu et al.，2015）考察2000~2012年主权评级改变的信息含量如何受到不同评级水平的影响。结果发现，低评级的负向事件具有更强的市场反应，高评级的正向事件具有更强的市场反应。主权信用利差对于标准普尔的负向评级改变具有反应。当穆迪相比于标准普尔给予更强的事件前评级，穆迪的正向事件具有显著影响。但是，惠润的评级不具有市场反应。莱茵哈特（Reinhart，2002）指出，主权信用评级决定了国家接触国际资本市场的程度，主权评级改变会影响主权债券差价。工业国家可以轻易接触资本市场，而新兴市场国家接触国际资本市场的程度是经常变化的，对于新兴市场国家来说，主权信用评级扮演着非常重要的角色。具有最低主权评级的国家是不能够从国际资本市场上借贷的国家，主要依赖于从双边机构或者是政府的官方借贷方式。主权评级能够影响私人部门从国际资本市场借贷的条件。

部分研究考察主权信用评级对于CDS价差的影响。伊斯梅列斯库和卡塞米（Ismailescu and Kazemi，2010）考察了主权评级对于国家CDS价差的影响。结果发现，正向评级公告对于CDS市场具有更大的影响，正向的主权评级公告与主权CDS价差的立即下跌相关联。CDS市场可以预测到负向评级。阿方索等（Afonso et al.，2012）采用事件研究法考察评级改变前后的债券和CDS收益差价的变化。结果发现，评级改变和展望改变后出现了显著的收益率差价。债券市场在1~2个月前无法预测到负向主权评级改变，但是1~2周的主权评级水平和收益率差价间存在因果关系。卡瓦略（Carvalho，2015）采用事件研究法考察主权降级对于CDS差价的影响。结果表明，主权评级公告会带来显著的 CDS 差价，并且主权降级无法被 CDS 市场预测到。王健等（2013）考察欧元区国家主权 CDS 价差变动的影响因素。结果发现，欧洲的投资性信用级别决定了主权 CDS 价差，标准普尔的主权评级未影响 CDS 价差。它们按照时间分为全球性的金融危机、欧洲主权债务危机等不同子样本后的实证结果表明，欧洲投资性信用级别并未显著影响债务危机严重的国家。

第二，主权信用评级对股票市场的影响。胡珀等（Hooper et al.，2008）运用 42 个国家 1995～2003 年的数据考察了主权评级改变对于股票市场的影响。结果发现，主权升级或者是降级提高了美元标价的股票市场收益、降低了股市波动性。股市收益和波动性的反应对于经历了主权降级、外汇债务、新兴市场债务和危机时期的债务更为明显。布鲁克斯等（Brooks et al.，2004）考察了主权评级改变对于股票市场的影响，发现主权降级对于股票市场收益具有负向影响。但是在四个国际评级机构中，只有标准普尔和惠润的降级会导致显著的负向股票市场反应。另外，新兴市场的股票市场反应没有更为明显，多次评级改变的市场反应没有更为严重。阿方索等（Afonso et al.，2014）指出，主权降级会增加股票和债券市场波动性。法塔纳斯等（Fatnassi et al.，2014）采用 2008 年 6 月至 2012 年 6 月的国际三大评级机构数据和面板回归模型，分析四个欧洲股票市场收益对于主权评级改变的反应。结果发现，首先，主权升级和降级会影响本国股票收益和其他国家的股票收益；其次，股票市场对于外国降级的反应在主权债务时期更强；最后，国际评级机构的主权降级比主权升级的信息量更大。科雷亚等（Correa et al.，2014）采用 1995～2011 年 37 个国家的银行数据考察主权信用评级改变对于银行股票收益的影响。结果发现，主权降级对于银行股票收益具有显著的负向影响。并且负向影响对于预期会受到更强政府支持的银行来说更强，对于发达经济体的银行来说更强。迈克利兹等（Michaelides et al.，2015）采用 1988～2012 年的跨国数据，考察主权信用评级的信息传递问题。结果发现，主权降级公告会带来显著的日度负向超额股票指数收益，并且这种影响对于具有更低机构质量的国家更为显著。

萨法里和阿里弗（Safari and Ariff，2015）采用 9 个发展中国家的 94 个评级改变公告样本，考察主权评级改变对于债券、股票和期权市场的影响。结果发现，主权评级改变对于主权债券和股票市场指数均有较大的影响。股票期权市场只对主权降级公告产生反应，对于主权升级并不敏感。田益祥等（2013）采用动态面板模型考察主权评级改变对于国家债券、信贷和股票市场的影响。结果显示，债券和股票市场对于主权评级改变的反应具有不对称性，主权评级改变对股票市场的影响力要大于对债券市场的影响力。郭亚静和吴念鲁（2012）指出，主权评级改变同时影响了股票市场和债券市场，但是主权评级改变对于股票市场的影响力小于债券市场，股票市场在评级改变前就做出了提前相应。

第三，主权信用评级对资本流动的影响。拉腊因等（Larraín et al.，1997）采用面板数据分析和事件研究法，发现主权评级变化对于国际金融市场具有显著的影响，可以影响私人资本流入新兴市场。布洛和罗格夫（Bulow and Rogoff，1989）、达菲等（Duffie et al.，2003）指出，主权债务违约会带来声誉成本和外国资产流失，恶化本国在国际资本市场上融资的能力和阻碍国家贸易。朗斯达夫等（Longstaff et al.，2011）指出，主权信用风险的变动会带来全球债务投资权重的重新分配，影响资本在国家间的流动和成本。阿尔特塔和黑尔（Arteta and Hale，2008）发现，在主权债务危机期间，外国流动到新兴市场私人企业的信贷量大幅下跌。甘德和帕斯利（Gande and Parsley，2014）考察1996~2002年的危机年份中主权评级改变对于证券流动的影响。结果发现，主权降级会导致降级国家的资本流出，但是主权升级与证券资本流动无关，这与“安全投资转移”观点相符合。透明度更强的国家在降级附近会经历更低水平的资本流出。这些结论在控制了国家规模、法律传统、市场流动性、是否危机时期等变量后依旧成立。田益祥和陆留存（2011）指出，主权评级在很大程度上能够影响国际资本流向，在主权降级发生后，资本会从该国流出。当债务危机或是金融危机发生时，主权降级会对一国经济产生负向影响。

第四，主权信用评级对于经济增长的影响。目前关于主权信用评级改变影响的研究集中于主权评级是否带来主权债券、CDS债券和股票收益率的变动，但较少研究考察到主权评级改变如何影响国家的经济增长。陈等（Chen et al.，2016）采用1982~2012年标准普尔对于103个国家的主权评级改变数据考察主权信用评级对于经济增长率的影响。实证结果发现，主权评级改变会通过利率和资本流动渠道影响国家经济增长。一级别的主权升级会导致主权评级改变国家5年平均年增长率0.6%的增长。一级别的主权降级会导致主权评级改变国家5年平均年增长率0.3%的下跌。在控制了经济增长的其他决定因素、考察了可能的内生性问题和使用季度数据重新回归后，实证结论依旧成立。

第五，主权信用评级的溢出效应。主权评级改变会带来其他国家显著的主权债券收益率差价。伊斯梅列斯库和卡塞米（Ismailescu and Kazemi，2010）发现，主权评级会溢出到其他新兴市场国家，进而带来其他新兴市场经济体 CDS 价差的变化。阿方索等（Afonso et al.，2012）采用事件研究法考察主权评级改变前后的债券和 CDS 收益差价的变化。结果发现，存在从低评级国家向高评级国家的溢出效应。德桑蒂斯（De Santis，2012）采用 2008 年 9 月至 2011 年 8 月的日度数据指出，欧洲区域性的主权债券差价一定程度上受到希腊溢出效应的影响。

主权评级改变会溢出到其他国家，带来其他国家显著的股票收益。费雷拉和伽马（Ferreira and Gama，2007）考察一国主权评级改变对于其他国家股票市场的影响。结果发现，主权降级能够带来其他国家股票市场的负向反应，而主权升级没有影响。对于地理更为相近的国家和新兴市场国家来说，溢出效应的影响力更强。马特耶夫（Mateev，2014）考察一国主权信用评级改变是否会导致其他市场的传染性波动和金融不稳定性。结果发现，一国主权评级改变会带来其他国家股票市场收益的显著改变，即产生跨国传染效应，并且主权评级改变的溢出效应在区域水平上更为显著。李等（Li et al.，2008）研究了标准普尔主权评级对于亚洲国家国内外股票收益的影响。结果发现，亚洲国家的股票收益是由其自身主权评级改变和其他亚洲国家的主权评级改变所决定的，一个国家的主权评级改变可以会影响其他国家。在 1997 年亚洲金融危机期间，主权评级改变是国际金融传染渠道。卡明斯基和施穆克勒（Kaminsky and Schmukler，2002）指出，主权评级改变不仅影响新兴市场国家本国的债券和股票市场，而且会产生国家传染进而影响其他国家。并且主权评级的传染效应对于危机时期、透明度更小和地理位置相近的国家而言更为强烈。黄等（Huang et al.，2014）通过研究主权降级对邻国 CDS 市场和股票市场收益的影响来探讨传染效应。结果发现，一国主权降级会使同区域的邻国 CDS 价差加大。相比于主权降级，主权升级的传染效应更小。冯乾等（2014）采用事件研究法的实证结果发现，主权降级会引发其他国家股票出现显著负超额收益率，主权升级会带来其他国家股票显著正超额收益率。经济规模更大的国家所发生的主权评级改变具有更小的溢出效应，溢出效应在危机前和危机期间未出现异质性。

部分研究探讨了欧债危机期间主权信用评级的传染问题。福里和博塔（Fourie and Botha，2015）指出在全球金融危机和欧洲主权债务危机中，主权信用评级发生了传染。相比于普通时期，债务危机时期的国家间存在高度的联动性。阿列兹基等（Arezki et al.，2011）考察了 2007 ~ 2010 年的主权评级改变对于欧洲金融市场的溢出效应。实证结果发现，主权降级具有显著的溢出效应，溢出效应的高低取决于评级公告的类型、降级的来源国家和给出评级的评级机构，降级到投机性级别附近具有很强的溢出效应。

第六，危机期间主权信用评级机构的影响。部分研究考察欧洲主权债务危机期间主权信用评级对于债券收益的影响。范彦君和董裕平（2012）研究在欧洲主权债务危机期间国际信用评级机构的主权评级改变如何影响欧元区国家在国际金融市场上的融资成本。实证结果发现，在长期内，主权评级改变对于融资成本的影响力较小。实际主权降级对于融资成本的影响力要小于负面观察的影响力；对于具有高主权评级水平的国家而言，主权评级改变对于融资成本的影响力更小。鲍姆等（Baum et al.，2014）研究在 2011 ~ 2012 年的欧元区债务危机期间，信用评级机构主权降级公告对于法国、意大利、德国和西班牙长期主权债券收益率的影响。模型显示，主权降级会提升法国、意大利和西班牙债券的收益率，降低德国债券收益率。评级机构的公告会显著影响欧元区危机期间的资本分配，导致投资者在成员间重新平衡他们的资产组合，将资金投资于更为稳定借贷者所发行的证券上。布鲁克斯等（Brooks et al.，2015）采用 1996 ~ 2013 年 36 个国家的主权评级改变数据，考察标准普尔主权评级改变对于证券收益的影响。结果发现，在危机期间，主权评级改变对于股票市场收益的影响力更大。在危机期间，大幅度主权降级的影响力并没有扩大。在金融危机期间，主权升级与主权降级的影响力是不同的。弗拉纳和马丁（Wrana and Martín，2014）指出，评级机构在危机中的行为会损失欧元区国家的再融资可能性，并且导致主权债券差价在 2009 ~ 2012 年大幅上升。他们考察标准普尔的主权评级改变如何影响主权债券差价的波动性，并且探讨在经济危机时期的影响力是否有所不同。

部分研究探讨危机期间主权信用评级的表现。德弗里斯和德哈恩（De Vries and De Haan，2016）考察 1995 ~ 2014 年主权信用评级是否影响欧元区的希腊、爱尔兰、意大利、葡萄牙和西班牙的债券收益率差价。实证结论表明，在危机期间，信用评级机构改变了评估主权信用风险的方法而变得更加谨慎，主权信用评级对于主权债券差价的影响力已经改变。邦尼特（Bonnet，2014）考察在欧洲主权债务危机期间和后期的信用评级机构评级高估和评级低估现象。结果发现，在 2008 ~ 2010 年的金融危机后存在评级高估，在欧元区主权债务危机后的2010~2014年存在对于至少10个国家的评级低估。阿尔梅达等（Almeida et al.，2014）研究发现，主权债务危机会通过信用评级渠道影响金融市场和实体经济。主权降级会导致债务融资成本上升，导致公司减少投资和降低对信贷市场的依赖。杰恩（Jain，2014）指出，由于信用评级机构给垃圾债券高估评级而破坏了投资者的信心，信用评级机构的错误推断进一步导致了金融危机的发生。杜伊贡等（Duygun et al.，2014）考察了危机前和危机后的评级错误幅度。实证结果发现，评级高估和低估的程度在1999~2010年是非常显著的，但是这些错误评级在2008~2010年的金融危机期间最后一年消失。斯蒂格利茨等（Stiglitz et al.，1999）发现评级机构加重了东亚危机，评级机构在危机后变得更为保守，其所给予的主权降级要高于东亚国家经济基本面所表现出来的应有主权降级程度。基夫等（Kiff et al.，2012）发现，评级机构给出的主权评级对于主权国家债券发行人的融资成本具有影响。大型评级机构在金融危机中存在评级失败的证据，评级机构的行为受到管制性证书的驱动。同时，评级过程中的数理模型透明度不高。黄余送和黄光磊（2010）考察了主权信用评级在最近发生的2008年金融危机中的角色，指出主权评级改变会影响国际金融市场的安全。他们针对如何提升中国的主权评级稳定提出部分建议：出台相应的法律保障投资者的权益、加快中国信用评级业的国际化步伐、针对国际信用评级机构在中国开展评级业务的流程和范围进行监督、了解在信用评级过程中所涉及的各参与方利益。

2.1.2 主体信用评级与企业财务安排

国内外文献着重考察主体信用评级对企业财务安排产生的影响，包括主体信用评级与企业盈余管理、公司治理、公司融资行为、并购支付方式的关系。

首先，主体信用评级与企业盈余管理之间存在显著的联系。阿里和张（Ali and Zhang，2008）指出，相比于没有接近评级改变的公司而言，当公司处在评级改变附近时，更加倾向于增加盈余。相比于评级范围内的升级，公司更加能够从升到更高评级范围的升级中受益。相比于评级范围内的降级，公司从降到更低范围的降级中受到的损失更大。实证结论表明，公司增加盈余可以影响信用评级机构升降级的决定。金等（Kim et al.，2013）考察在公司经理对于未来评级改变具有私人信息时，是否会进行盈余管理来影响未来的评级改变。他们采用1990～2011年的美国数据发现，未来评级改变的公司更有可能进行实际经营活动的盈余管理，并且在评级改变前更加倾向于降低应计利息。实际经营活动盈余管理与升级之间存在正向关系，但是盈余管理与降级之间并没有明显关系。这说明，公司管理者会通过积极参与实际经营活动盈余管理而不是进行利息盈余管理来影响评级的未来改变。德米尔塔斯和科尔纳贾（Demirtas and Cornaggia，2013）指出，公司经理可以利用会计准则来得到最有用的评级。实证研究发现，现有利息在最初评级日附近处于较高水平，而在最初评级日后有所下降。回归分析表明，在控制了公司相关特征后，现有利息与首次评级显著正相关。实证结论在进行内生性检验后仍旧稳健。荣格等（Jung et al.，2013）指出，由于信用评级对于公司的重大影响，公司经理有动力通过盈余平滑法影响信用评级机构从而改善或维持评级。高评级、低评级和中度评级的公司各自具有不同的激励来平滑盈余。相比于中度评级者，高评级具有被升到更高范围评级的可能性，低评级者具有被降到更低范围评级的可能性。实证结论发现，对于高评级公司而言，增加的盈余平滑对于接下来一段时间的升级可能性具有正向影响。实证结论表明，公司经理可以采用长期的财务报告策略来影响评级机构对信用风险的认知。李琦等（2011）考察信用评级改变与公司盈余管理的关系。实证结果显示，相比于评级不变的上市公司，升级的公司在升级前一年的盈余管理更少。对于国有上市公司来说，评级改变和盈余管理间的关系下降。当外部融资需求更大时，评级改变与盈余管理间的关系更强。实证结果表明，评级改变会负向影响公司的盈余管理。杨大楷和王鹏（2014）考察了债券发行人在得到首次评级前的盈余管理行为。实证结果发现，债券发行人通常会在获得首次评级前进行盈余管理，并且盈余管理存在真实活动和应计项目操控两种方法。相比于民营上市公司，国有上市公司在获得首次评级前的盈余管理更弱。刘娥平和施燕平（2014）采用事件研究法考察债券发行人在得到首次信用评级前的盈余管理行为。实证结果显示，债券发行人在获取首次评级之前，正向盈余管理提升，在获取首次评级之后，盈余管理程度下降。在控制了公司利润后，债券发行人的首次评级与盈余管理间呈现正向相关关系，这说明，评级机构所给出的评级受到被评级公司的盈余管理影响。马榕和石晓军（2015）考察了应计和真实盈余管理对于信用评级的影响。实证结果发现，中国债券评级受到应计盈余管理的正向影响，特别是对于短期融资券而言这种影响力更强。实证结果表明，中国信用评级机构在给出信用评级时无法排除盈余管理行为的干扰。

其次，主体信用评级与公司治理相关联。阿拉里等（Alali et al.，2012）考察公司治理是否能够影响公司的信用评级。研究发现，具有高公司治理的公司具有显著更高的信用评级，并且这种影响对于小型规模的公司而言更强。实证结论表明，公司治理的改善与债券评级的提升相关。阿什博—斯卡伊夫等（Ashbaugh-Skaife et al.，2006）考察公司治理对于公司信用评级的影响。在控制了公司层面的风险特点后发现，信用评级与大股东数量和CEO权力负向相关，与反收购措施、利息质量、盈余时效性、董事会独立性、董事会股票所有权和董事会技能正向相关。韦伯（Weber，2006）发现，公司治理更强的公司会得到更好的信用评级，弱治理会给投机性评级的公司带来额外利息。博拉吉和森古普塔（Bhojraj and Sengupta，2003）指出，治理机制可以通过隔离代理成本、操纵经营绩效和降低公司借款者间信息不对称来降低违约风险。具有更高机构投资者所有权和更强外部控制董事会的公司一般具有更高的评级和更低的债券收益率。但是，机构所有权的集中程度对于债券收益和债券评级具有负向影响。厄尔巴南（Elbannan，2009）采用2003年11月至2005年7月的公司样本考察主体评级与财务报告中内部控制质量间的关系。实证研究发现，低内部控制质量的公司更有可能获得更低信用评级、投机性级别的评级，规模、利润率和现金流都处于较低的水平，同时收入变动更大，具有更高的杠杆。另外，低质量内部控制会降低公司获得投资性级别债券评级的可能性，导致更高的债务融资成本、更低的收入和发行人在资本市场上更低的吸引力。实证结论表明，公司治理与内部控制质量正向相关。

再其次，主体信用评级与公司融资行为相关。主体信用评级衡量是的债券发行人的偿还能力，可以解决债券发行人和投资者之间的信息不对称。刘和马拉泰斯塔（Liu and Malatesta，2006）、弗兰克和戈亚尔（Frank and Goyal，2009）指出，主体信用评级水平越高，企业与投资者间的信息不对称程度越低，公司的债务融资能力更强。帕特诺伊（Partnoy，2001）指出，监管机构的很多规定要求债券发行人得到NRSRO成员机构的评级，而且投资性级别和投机性级别的债券发行人待遇不同，很多机构投资者不允许投资于低评级的债券，具有投资性级别的债券发行人可以吸引更多的投资者。高评级的公司面临着更多的投资者，所以能够获得更多的债务融资。

学者们将信用评级作为债务融资能力的衡量指标。怀特（Whited，1992）指出，债券市场上的信息不对称会降低财务情况较差公司从外部融资的能力。

他们采用信用评级作为衡量债务融资限制的指标。吉尔克里斯特和汉密尔伯格（Gilchrist and Himmelberg，1995）考察现金流对于投资的预测能力和在降低信贷限制方面所发挥的作用，采用信用评级作为信贷限制的衡量指标。怀特（Whited，1992）、吉尔克里斯特和汉密尔伯格（Gilchrist and Himmelberg，1995）、阿尔梅达等（Almeida et al.，2004）使用信用评级作为信用市场上公司财务限制的衡量指标认为，信用评级的存在会降低公司价值的信息不对称，从而缓解公司融资约束，公司所发行的债券如果获得了信用评级，则公司可以在短时间内根据其需要筹集资金。

前期研究说明，企业是否从信用评级机构获得了信用评级和企业的信用评级水平，是决定公司是否能从债券市场获取融资的两个关键因素（Denis and Mihov，2003；Lemmon and Zender，2010；Faulkender and Petersen，2006）。福肯德和彼得森（Faulkender and Petersen，2006）采用公司的债券评级存在性衡量债券发行人能否从债券市场进行融资。结果发现，能够从债券市场进行融资的企业杠杆一般较高。在控制内生性问题后发现，存在评级的债券发行人的债务规模比不存在评级企业的债务规模高出35%。莱蒙和岑德尔（Lemmon and Zender，2010）在资本结构理论中引入债务融资能力，并且采用信用评级作为债务融资能力的衡量指标，证明了啄食顺序理论的成立。他们发现，如果公司不存在债务融资约束，一旦公司需要外部资金，相比于发行股票，公司更倾向于采用债务融资方式。但是一旦缺乏债务融资能力，就可能会导致公司采用股票融资方式。丹尼斯和米霍夫（Denis and Mihov，2003）考察银行债务、非银行私人债务和公开债务的选择问题，结果显示，企业的评级水平是决定其选择何种债务来源的关键因素。具有不同评级级别的企业采用不同类型的借贷来源，高质量企业会选择从公开市场进行借贷，中质量的企业选择的借贷渠道是银行，低质量的企业倾向于从私人借贷者进行借贷。非银行私人借贷在低信用质量公司的融资需求中发挥着重要作用。

信用评级能够影响公司债务融资能力，进而影响公司的资本结构。基斯根（Kisgen，2006）考察信用评级如何直接影响资本结构，发现位于评级改变附近的公司更有可能降低公司杠杆，债务股本比显著低于其他公司。他考察了与不同评级水平相关的成本收益，并且检验对这些成本收益的权衡是否会直接影响债务和股权融资。结果发现，在升级或者是降级附近的公司比没有在评级改变附近的公司发行更少的债务。基斯根（Kisgen，2009）发现公司在被降级后会选择改变资本结构，即降低公司财务杠杆来试图恢复过去的评级。降级后的一年，被降级公司会少发行占净资产 1.5% ~2% 的债务。这种影响对于降级到投机性级别而言更为强烈。相比其他公司而言，降级到投机性级别的公司有两倍的可能性会降低债务。升级并不会影响公司未来的资本结构。巴加伊等（Baghai et al.，2014）指出，降级更为严重的公司发行更少的债务、具有更低的杠杆、持有更多的现金、具有更低的增长率、具有更小的可能性得到债务评级。此类公司的债券差价相对于评级未受到影响的公司而言更低。这表明，当评级机构给予的评级更低时，公司会发行更少的债券，财务杠杆会降低。苏菲（Sufi，2009）考察第三方评级机构是否会影响银行的财务和投资政策。结果发现，拥有银行贷款评级的公司会经历债务、公司资产和现金收购的增长，并且贷款评级的影响对于评级前没有债务评级和更低信用质量的公司更为明显。实证结论表明，信用评级作为第三方债务的证明增大了债务融资供给，影响了公司的投资策略。霍瓦基米安和凯汉（Hovakimian and Kayhan，2009）发现，公司会根据信用评级目标的实现情况来调整公司的财务行为。如果实际信用评级低于信用评级目标，公司会回购、发行证券和减少派息，这样会降低公司的财务杠杆。

最后，主体信用评级与企业并购支付方式相关。卡兰帕萨斯等（Karampatsas et al.，2014）使用 Tobit 和 Probit 模型考察了主体信用评级如何影响并购方选择支付方式。实证结果显示，当并购方获得了评级机构的主体评级时，更容易采取现金进行支付。当并购方获得了更高的主体级别时，更容易使用现金进行支付。主要原因在于，具有主体信用评级和高主体评级的公司具有较好的信用质量，可以更有能力接触债券市场，进而受到的外部融资约束较小。

2.1.3 债券信用评级与债券融资成本

信用评级业是一种金融中介行业，提供的债券信用评级具有降低资本市场信息不对称的重要作用。在资本市场中，债券发行人在发行债券时对于自身的偿债能力和偿债风险较为了解，但是投资者无法知晓所发行债券的信用风险。因此，在投资者与债券发行人之间存在着一定的信息不对称。克利格尔和萨瑞格（Kliger and Sarig，2000）、帕特诺伊（Partnoy，1999）、米库等（Micu et al.，2004）、巴特勒和罗杰斯（Butler and Rodgers，2003）、弗罗斯特（Frost，2006）指出，虽然投资者无法获取债券发行人的内部信息，但是债券发行人会将自身内部信息细节透露给信用评级机构，信用评级机构会搜集分析信息来得到相应的债券评级。因此，债券评级包含公开信息和内部信息两种信息，能够向投资者提供其在市场等其他渠道无法获取的额外信息，具有信息价值。对于债券发行人来说，可以通过从信用评级机构购买债券评级，使用债券评级向投资者表明自身的信用质量，进而使投资者对于信息的需求得到满足（Millon and Thakor，1985）。这样可以降低两者间的信息不对称，从而降低债券融资成本（Hsueh and Kidwell，1988；Baker and Mansi，2002）。债券信用评级能够向投资者表明债券的信用风险，从而有利于投资者做出正确的投资决策。对于债券信用评级信息含量的研究主要是探讨债券信用评级对于债券一级市场和债券二级市场的影响力。

第一种是考察债券评级对债券二级市场收益率的影响。刘等（Liu et al.，1999）考察穆迪修正其信用评级体系是否具有信息价值，实证结果发现，债券被降级后，出现了显著的债券收益率变动。施泰纳和海因克（Steiner and Heinke，2001）对于欧洲债券市场进行研究，实证结果表明，对于被降级的债券来说，降级级别会负向影响债券的累计异常收益率，这说明，债券信用评级改变确实能够给债券市场带来新信息，进而引起债券价格变动。贝克尔和米尔本（Becker and Milbourn，2011）在考察国际信用评级业的市场结构时指出，债券信用评级水平会负向影响债券收益率差价，债券信用评级水平越高，债券收益率差价越低。相关实证研究结果表明，债券信用评级能为债券市场带来额外的新信息，具有信息价值。

第二种是考察债券信用评级对债券一级市场融资成本的影响，即探讨债券信用评级水平对于债券融资成本的影响。森古普塔（Sengupta，1998）、汉达和林（Handa and Linn，1993）指出，因为投资者无法知晓债券发行人的信用风险，在两者间存在着信息不对称，因此，投资者会要求发行人提供一定的风险溢价作为补偿，这种风险补偿就带来了债券融资成本的提高。基斯根（Kisgen，2006）、卡茨（Katz，1974）指出，由于在信用评级机构进行评级的过程中，债券发行人企业会向信用评级机构提供私人信息，这些私人信息被包含在债券评级中。债券评级可以将内部信息提供给投资者，降低投资者的信息搜索成本，使投资者更好地做出投资决策，从而降低债券发行人的融资成本。埃德林顿和吴（Ederington and Goh，1998）指出，如果发行人企业获得了较高的债券信用评级，意味着该企业具有更好的财务状况，未来具有更强的偿还债务能力，具有更高的可能性还本付息。因此，投资者会要求更低的风险溢价补偿，从而降低了投资者所需求的风险溢价降低，进而减少了发行人企业的债券融资成本。

基斯根和斯特拉恩（Kisgen and Strahan，2010）考察现金流对于现金的敏感度，探讨财务限制对于公司政策的影响。实证结果发现，评级越高，债务融资成本越低。何平和金梦（2010）考察信用评级如何影响债券一级市场中的债券融资成本。结果发现，债券和主体评级都能够很好地解释债券的发行成本，这意味着债券信用评级能够提供给债券市场以新信息。朱松（2013）考察主体评级是否会影响到投资者的决策。结果发现，债券发行人的融资成本区别可以用主体评级区别来解释，主体评级的提高会使债券融资成本降低。袁敏和郭冰（2007）研究短期融资券的信用评级与短期融资券信用利差的关系，实证结论显示，主体评级与短期融资券的信用利差间存在显著关系。王雄元和张春强（2013）探讨中期票据融资成本是否受到债券评级的影响。实证结果表明，债券评级确实会影响中期票据的融资成本，债券评级越高，中期票据的融资成本更低。对于国有企业和上市公司所发行的债券而言，债券评级对于中期票据的融资成本影响力更小。当债券发行人发行中期票据进行募集资金的目的是还贷时，债券评级对于中期票据的融资成本影响力更大。沈红波和廖冠民（2014）考察中国信用评级是否可以为短期融资券市场提供新信息。实证结果发现，信用评级越高，短期融资成本的票面利率更小。对于规模更小的企业而言，信用评级对于短期融资券融资成本的影响力更强。实证结果表明，信用评级可以为短期融资券市场提供增量信息。

2.2 信用评级业的内生性缺陷

虽然信用评级业提供的主权信用评级、主体信用评级和债券信用评级分别在宏观经济、公司财务安排和资本市场运行中发挥着重要功能，但是在全球性金融危机中，信用评级业成为金融监管体制改革的重点考察对象，引起了学术界的极大关注。国际三大信用评级机构声称自身能够提供准确的评级，但是在全球性金融危机和欧洲主权债务危机中的表现却饱受质疑。在危机爆发前，信用评级机构给予高估的不准确评级，在危机发生时未给予投资者以必要的提醒。这些行为都暴露出国际信用评级业的内生性缺陷。美国信用评级业已有上百年的历史，中国信用评级业发展历史较短，运作方式主要模仿美国信用评级业而来，因而也存在着类似的内生性缺陷，主要包括周期性行为、声誉机制的无效性、利益冲突和评级高估。

2.2.1 信用评级业的周期性行为

国内外学者关注了信用评级的周期性行为。针对信用评级和经济周期关系的研究主要分为理论和实证两个层次。

在理论层次上，艾萨克和夏皮洛（Bar-Issac and Shapiro，2013）建立模型探讨经济周期如何影响评级质量。模型的结果显示，评级质量具有逆周期性，相比于经济萧条期，经济繁荣期的评级质量更低。原因在于，在经济萧条期，信用评级机构所获得的评级费用更低、债券更可能违约、好投资项目更少、信用风险分析师所处的劳动力市场竞争性更小，四个方面的因素会提升信用评级机构增强信用评级准确性的驱动力，从而带来更高质量的评级。斯克雷塔和威尔得坎普（Skreta and Veldkamp，2009）和博尔顿等（Bolton et al.，2012）也得出类似的结论。斯克雷塔和威尔得坎普（Skreta and Veldkamp，2009）指出，评级高估是金融市场动荡的原因，评级高估来源于选购评级。他们建立了评级市场的均衡模型，并且采用此模型来考察评级高估的可能原因和解决方法。在此模型中，债券发行人可以选购评级，在观察到多家评级机构给出的多种评级后，他们可以选择只披露最高的评级。当资产较为简单时，评级机构的评级是类似的，选购评级的动力较低。但是当资产足够复杂时，不同评级机构给出的评级是不同的，选购评级的激励出现。因此，发行债务的复杂性会导致披露评级的扭曲。评级机构间的竞争加剧会使该问题变得更为严重。他们指出，由发行人付费模式变为投资者付费模式会降低这种扭曲，但是会摧毁信息市场。博尔顿等（Bolton et al.，2012）指出在2007～2008年AAA级别的结构金融产品的违约现象中，评级机构表现出了利益冲突。这些利益冲突创造出了两种扭曲：第一，竞争会导致选购评级行为，降低效率；第二，在投资者信任度较高和繁荣期间，评级更容易被高估。夏凡和姚志勇（2013）指出，国际三大评级机构具有一定的周期性行为。从一方面来看，评级机构会进行评级高估，未能够及时给予投资者以提醒，造成了危机的发生。从另一方面来看，评级机构存在评级低估，频繁的降级使金融市场处于动荡状态。理论模型结果发现，评级高估和评级低估都是均衡状态，信用评级水平具有“顺周期性”的特点。在经济处于繁荣状态时，评级机构更容易进行评级高估。在经济处于萧条状态时，评级低估更容易发生在评级机构中。

在实证角度上，本米莱克和德卢戈什（Benmelech and Dlugosz，2010）指出，在次贷危机发生前的经济繁荣期，信用评级机构会大量地提高评级，而危机期间和危机后的萧条期则出现了大量的降级。阿什克拉夫特等（Ashcraft et al.，2010）发现在次贷危机前的经济繁荣时期有评级质量的下降。他们指出，在危机爆发前的市场繁荣时期 MBS 发行量显著提高，而评级质量下降，此时间段发行的 MBS 的未来降级比以往发行的 MBS 的未来降级高出许多。何等（He et al.，2012）发现 2004～2006 年，大规模债券发行人所卖出的 AAA 级别和非 AAA 级别 MBS 资产池的首次收益要高于 2004～2006 年市场繁荣期间的小规模发行人所卖出的相似资产池的收益。大规模发行人所卖出的 MBS 价格比小规模发行人卖出的价格下降得更为严重。实证结论表明，投资者是以风险进行定价，在市场繁荣期间，相比于小规模发行人，评级机构会给予大规模发行人更为有利和更多的高估评级，但是这些大规模发行人所发行的 MBS 在危机后表现更差。格里芬和唐（Griffin and Tang，2012）对危机爆发前发行的 CDO 评级级别进行实证研究，他们发现评级机构从 2003～2007 年频繁对 CDO 做出正向调整，其所给予的级别超出了模型预测。从 2003～2006 年，正向调整的幅度显著增大，调整与危机后的降级正相关，拥有更大幅度调整的 CDO 在危机后具有更严重的违约行为。与上述文献主要研究 2007 年美国次贷危机前后时期评级机构的差异化表现的视角不同，费里等（Ferri et al.，1999）分析了亚洲金融危机后信用评级机构的表现，发现评级机构对亚洲金融危机做出错误预测后变得过于保守，对亚洲金融危机国家的降级超过了这些国家经济基本面的恶化程度，存在一定程度的评级低估现象。评级机构在对东亚危机做出错误预测后变得非常的保守，主要是为了从这些错误给它们带来的损害中重建声誉。

2.2.2 声誉机制的无效性

学者们指出评级机构存在的一大问题是声誉机制无法发挥作用，无法约束评级机构的行为，信用评级机构的驱动机制从声誉机制向管制性证书机制转变。夏皮洛（Shapiro，1983）指出，在信用评级机构的运行过程中，信用评级的准确性会随着时间的推移而逐渐积累，从而使投资者对于该评级机构所提供的评级形成预期，这种预期就是信用评级机构的声誉。蒂特曼和楚门

（Titman and Trueman，1986）、弗登博格和莱文（Fudenberg and Levine，1992）指出，具有声誉的信用评级机构会使投资者对其产生信任度。

信用评级机构声称其行为会受到声誉机制的驱动，信用评级机构为了维护声誉会选择提供准确评级。但是帕特诺伊（Partnoy，1999）对声誉机制进行了质疑，他认为声誉机制并不能够约束评级机构的行为。他认为，信用评级机构更大程度上是受到管制性证书机制①驱动的。因为信用评级机构能够给予发行人评级来满足监管的要求，所以发行人才会要求信用评级为其评级。帕特诺伊（Partnoy，2001）通过考察信用评级机构的发展历史发现，信用评级机构已经从声誉驱动机制转变为管制性证书驱动机制，评级机构已经转变成为售卖“监管许可证”的机构。邦加茨等（Bongaerts et al.，2012）指出，现存的信用评级理论有三种：信息提供、选购评级和管制性证书。他们通过实证检验考察三个理论的正确性。结果发现，管制性证书机制起到关键性的作用。基斯根和斯特拉恩（Kisgen and Strahan，2010）从实证上证明了管制性证书机制的存在性。2003 年 2 月，SEC 给予加拿大权威信用评级机构 DBRS②（Dominion Bond Rating Service）进行债券评级的资格。他们通过对比加入前和加入后 DBRS 评级对债券收益率的影响发现，在 DBRS 加入后，它的评级对债券收益率的影响力增大。这表明，由于 SEC 给予 DBRS 认证，DBRS 的监管性地位上升，导致了债券收益率的上升。即债券收益率变化并不是由于该评级机构提供了更多的信息，而是由于 SEC 给予其认证，提升了其监管性地位。马里亚诺（Mariano，2008）考察声誉考虑是否会给予评级机构以披露信息的激励。通过建立模型发现，评级机构会为了最小化声誉成本而忽略私人信息，甚至是背离公开信息。马西斯等（Mathis et al.，2009）发现，只有当信用评级的评级对象不是复杂产品时，声誉机制才会其作用。当信用评级机构对复杂产品进行评级时，评级机构就会放松，如果其声誉足够好，它就会高估评级。这说明，声誉机制并不足以约束信用评级机构。奥普

① 信用评级机构起初是受到声誉机制约束的，即如果评级机构提供的评级不准确，就会影响到其在投资者中的声誉，投资者不会认可其给予的评级，债券发行人会放弃从该评级机构购买评级，进而带来该机构的利润下跌。因此，为了维护声誉，评级机构会提供准确的评级。但是后来由于美国证券交易委员会（SEC）设立 NRSRO，使 NRSRO 成员机构可以向债券发行人售卖获得监管认可的证书，此时的评级机构行为受到管制性证书机制驱动，即为了卖出更多的评级而给予购买者高估的评级，而忽略评级的准确性。

② DBRS（Dominion Bond Rating Service），是一家信用评级机构，成立于 1976 年，位于加拿大的多伦多市，是美国 NRSRO 成员之一。

等（Opp et al.，2013）采用了理性模型分析当评级被用于监管性目的时信用评级机构的激励如何改变。模型预测到，足够大的监管性扭曲会导致信息提供的彻底失败，信用评级机构会完全进行评级高估。

张强和张宝（2010）指出，在2008年发生的金融危机中，信用评级机构的表现使投资者丧失了对它们的信任度，声誉机制并未约束评级机构的行为。他们基于中国信用评级业的实际发展情况，利用声誉溢价模型研究中国信用评级公司是否受到声誉机制的驱动。结果发现，在中国信用评级业中声誉机制具有无效性，最终提出一定的建议来使声誉机制重新发挥作用。龚宇（2008）指出，在美国评级业的发展早期，信用评级机构受到声誉的约束。但是，美国相关监管部门对于信用评级的过度依赖使信用评级机构具有过高的话语权，进而给信用评级机构带来重大权力，但是评级机构在运行过程中却承担了过轻的责任。

2.2.3 利益冲突

信用评级业的利益冲突来源于债券发行人付费模式，即信用评级机构的收入来源主要是债券发行人所支付的信用评级费用。因此，信用评级机构为了获得债券发行人给出的费用而给予发行人有利的更高评级，而发行人也会因为害怕信用评级机构给予其降级而选择购买信用评级机构的咨询服务（Partnoy，1999、2001；Frost，2006；Jain and Sharma，2008；Pinto，2006）。博尔顿等（Bolton et al.，2012）指出，在2007～2008年AAA级别的结构金融产品的违约现象中，评级机构表现出了利益冲突。他们研究了评级机构的三种利益冲突：评级机构低估信用风险从而吸引更多融资的冲突；债券发行人购买最高评级的能力和投资者的信任度。科尔纳贾（Cornaggia，2013）发现，债券发行人不需要具有信息价值的信用评级，他们需要的只是能够带给他们更大利益的更高评级，这就容易导致评级机构在评级过程中为了吸引债券发行人而进行评级高估，产生利益冲突行为。巴特勒和科尔纳贾（Butler and Cornaggia，2012）指出，评级机构与被评级的发行人公司之间存在非常大的关联性。由于评级机构需要从发行人获得信息，使债券发行人与他们雇用的评级机构之间具有很强的关系。他们采用评级机构向发行人收取的费用来作为评级机构中分析师努力程度的代理变量。实证结果发现，当评级机构收取更高费用时，它们更少地依赖于公开市场的硬信息。评级的成本越高，更能够反映债券发行人的软信息。但是与上述观点相反，部分研究认为国际三大评级机构的利益冲突问题并不严重。贝纳尔等（Bernal et al.，2015）考察评级机构是否存在由于利益冲突而导致的评级扭曲行为。他们采用新兴市场和工业国家的两阶段排序 Probit 模型考察标准普尔 2013 年评级误差。结果发现，与传统利益冲突观点相反，未主动给出的评级高于主动给出的评级，评级机构在给出主权评级时重点关注声誉问题。

2.2.4 评级高估

评级高估的主要含义是指信用评级机构给予发行人的评级要高于其本身的实际评级，例如，在安然丑闻和美国次贷危机中，公司破产前，其评级还维持在最高等级。斯克雷塔和威尔得坎普（Skreta and Veldkamp，2009）将金融市场动荡归结于信用评级高估，并且建立了一个均衡模型来分析评级高估的来源，他们认为评级高估来源于选购评级行为。博尔顿等（Bolton et al.，2012）指出，当信用评级机构的声誉成本更低，同时市场中具有更多的幼稚投资者时，评级机构越可能产生评级高估行为。卡马尼奥等（Camanho et al.，2009）指出，评级机构会在维持未来声誉获得长期收益和现在进行评级高估获得短期收益间进行权衡。现在进行评级高估虽然会带来短期收益，但是也会给未来带来声誉损失，评级机构需要在衡量收益损失后做出是否进行评级高估的决定。帕加诺和沃利平（Pagano and Volpin，2010）考察了信用评级机构在全球金融危机中的作用，认为评级高估是导致虚假繁荣的原因之一。部分学者采用实证方法证明了评级高估现象的存在。何等（He et al.，2012）采用实证方法对比了 2000～2006 年大型发行人和小型发行人所售卖的抵押支持债券（mortgage-backed security，MBS）的表现。结果发现，评级机构会在市场繁荣时期给予大型发行人更为有利的评级。格里芬和唐（Griffin and Tang，2012）发现，信用评级机构经常给予担保债务凭证（collateralized debt obligation，CDO）以主观的评级调整。AAA 级的 CDO 实际上只有 BBB 级。夏和施特罗布尔（Xia and Strobl，2012）通过比较发行人付费的标准普尔和投资者付费的 Egan-Jones① 发现，发行人付费模型导致的利益冲突会导

---

① 伊根—琼斯评级公司（Egan-Jones）成立于 1995 年，在 2007 年 12 月 21 日获得美国证券交易委员会颁发的“国家认可的统计评级机构”（NRSRO）资格。该公司为了降低评级的利益冲突问题，采用投资者的付费模式。

致评级高估。阿什克拉夫特等（Ashcraft et al.，2010）使用实证方法指出在2001～2007年评级机构对于MBS的评级存在较强的错误性，评级机构在评级时过于乐观而忽视很多信息。

选购评级，是指证券发行人为了获取对自身更加有力的评级级别，会选择向多家评级机构同时申请获得评级，并且在得到多个评级后选择最高的评级公布给市场投资者，将较低级别进行隐藏（Sangiorgi et al.，2009）。斯克雷塔和威尔得坎普（Skreta and Veldkamp，2009）指出，当不同评级机构给出的评级差异性更大，或者是评级产品复杂性更高时，证券发行人越有可能进行选购评级。同样的结论也出现在奥普等（Opp et al.，2013）的研究中。博尔顿等（Bolton et al.，2012）指出，当信用评级业的竞争程度加大时，证券发行人会出现选购评级现象，这会使社会福利下降。本米莱克和德卢戈什（Benmelech and Dlugosz，2010）的实证研究显示，如果证券发行人仅向市场披露一家评级机构给出的评级，那么在事后降级的可能性增加，这与“选购评级”的理论一致。但是，由于被降级的证券中有50%是由多家评级机构进行评级，因此，“选购评级”的理论无法完全解释这种现象。

2.3 信用评级业缺陷的解决方案

针对信用评级业存在的诸多内生性缺陷，国内外学者致力于找出解决方案，主要包括建立合理的信用评级业市场结构、采用投资者付费模式、加强监管和建立激励约束机制。

2.3.1 建立合理的信用评级业市场结构

较多学者从改善信用评级市场结构的角度来探讨提升信用评级准确性和解决评级机构存在的缺陷。学界对于信用评级业市场结构的评级效应存在两种观点：“竞争有利说”和“垄断有利说”。

“竞争有利说”认为，竞争性的市场结构对于提升信用评级的准确性更加有利，竞争性的市场结构会提高评级机构的声誉关注和努力动机，从而提高评级准确性。与之相比，垄断性的市场结构存在两个方面不足：一方面，垄断性的信用评级体系会导致评级的不准确性。帕特诺伊（Partnoy，1999、2001、2009）认为，垄断放松了市场竞争对于评级机构的潜在压力，相关法律的存在使企业存在对于信用评级的刚性需求，这使三大机构成为售卖管制性证书的机构。市场垄断意味着声誉约束机制无法发挥作用，降低了评级机构的声誉关注和努力动机，导致信用评级的准确性降低。赛伯特（Sibert，2012）指出，评级机构所存在的一大问题是寡头垄断式的市场结构，并且提出提升竞争程度是改善评级机构的方法。为了增强评级的准确性，帕特诺伊（Partnoy，2006）提出引入竞争机制来减弱垄断的负面影响，进而提高信用评级质量。这一结论得到了基斯根和斯特拉恩（Kisgen and Strahan，2010）和多尔蒂等（Doherty et al.，2012）实证分析的支持。多尔蒂等（Doherty et al.，2012）分析了评级机构之间的竞争对于评级信息含量的影响。他们实证检验了评级机构在保险市场上竞争加剧的影响，结果发现，在标准普尔进入保险市场后，其引发的竞争加剧使保险市场评级的信息含量增加。他们认为，评级业竞争程度的增加使评级机构的声誉损失会成为其发展的真实威胁，这会使声誉机制更加有效，有利于约束评级机构提升评级质量。陈三毛（2009）指出，为了降低美国信用评级业存在的诸多问题，监管当局可以在美国信用评级业中引入竞争，这样可以使美国信用评级业的市场结构变得更为合理。另一方面，垄断的市场结构加重信用评级机构的利益冲突，在公正评级以维持市场形象和评级高估以获得更高利益的冲突下，垄断市场结构导致两者矛盾不可调和，使评级机构以出售高估评级客户的方式获得超额利润，从而误导市场、降低市场效率（Frost，2006；Jain and Sharma，2008；Pinto，2006；Kormos，2008）。

与之相反，“垄断有利说”认为，竞争性的信用评级市场结构具有三个方面的缺憾：第一，评级机构之间的竞争增加会导致福利的降低和毁约可能性的增加（Manso，2013）。第二，在竞争性的信用评级体系下，会出现选购评级现象和评级高估现象，从而导致金融市场动荡（Skreta and Veldkamp，2009；Bolton et al.，2012）。这也得到了贝克尔和米尔本（Becker and Milbourn，2011）的实证支持，他们通过将三大评级机构中份额最小的惠润公司的市场份额作为竞争加剧的代理变量，结果发现，随着惠润市场份额的上升，评级被高估的可能性增加，而信用评级的信息价值减少。第三，竞争性的市场结构会使模型均衡更加脆弱，导致市场对于泡沫更加没有抵抗力（Bongaerts et al.，2012）。

2.3.2 采用投资者付费模式

学者指出，可以采用投资者付费模式替代发行人付费模式来解决评级机构的利益冲突。科尔纳贾（Cornaggia，2013）发现，投资者付费模式的评级公司能够提供更多的及时信息。帕加诺和沃利平（Pagano and Volpin，2010）提出，信用评级体系应将“发行者付费”的模式转变为投资者订阅信息发布的模式，以此来消除利益冲突。李增福（2008）探讨了中国信用评级公司的付费模式问题。中小规模的信用评级公司的声誉资本有限，只能采用投资者付费模式。大规模的信用评级公司可以采取债券发行人付费模式。从声誉资本积累上看，中国的信用评级机构均属于中小规模的公司。因此，中国信用评级业应该采取投资者付费模式。应娟和张益新（2006）理论分析中国信用评级业的付费模式。结果发现，中国信用评级业采用发行人付费模式具有一定的现实依据，到底该采取投资者付费模式还是发行人付费模式取决于能否提高评级的准确度。聂飞舟（2011）指出，美国信用评级业采用的债券发行人付费模式会导致严重的利益冲突。监管政策和法律无法解决评级业的利益冲突。为了解决这些问题，可以采取投资者付费模式等方案。

2.3.3 加强监管

学者们指出，可以通过加强监管来对信用评级业的行为进行约束。博尔顿等（Bolton et al.，2012）指出，SEC 公布法案，不允许债券发行人进行与评级相关的咨询业务。多德—弗兰克金融改革法案规定，评级过程与评级销售必须分离。这些法律在一定程度上可以降低评级机构的评级选购行为。斯托尔珀（Stolper，2009）指出，监管者可以奖励偏离合谋的评级机构，通过这种方式降低未来被批准的信用评级机构数量。部分研究主张政府监管部门应该强化对投资者利益的保护（Reiss，2009）。

彭宇松（2011）采用声誉理论来研究中国信用评级业，指出中国信用评级业依赖于行政推动，因而监管非常必要。评级业需要改善监管方式，从而使监管变得更加有效。高汉（2010）指出，在美国金融危机爆发后，SEC 出台了新的针对评级机构的监管法则，结构化的金融产品的评级标准要不同于普通金融产品，如果某金融产品获得了 AAA 级，评级机构必须进行说明。同时，监管部门出台了关于透明度和利益冲突的法规。这些新的监管规则到底产生怎样的效果需要接受市场的检验，并且逐渐进行完善。黄国平（2012）指出，在美国全球性的金融危机中，信用评级业暴露出诸多缺陷，如采用发行人付费模式，进而导致了严重的利益冲突。评级业监管改革的重要内容在于：发展出多种类型的付费模式，在评级公司具有的权力和营利性质之间取得平衡。吴风云和赵静梅（2006）指出，导致美国评级业能够拥有全球金融霸权的最重要原因是美国监管当局进行了特许。中国信用评级业由于发展历史短，与其他行业相比自身较为薄弱，监管部门对其监管程度低。

刘晓剑和张强（2011）指出，全球金融危机证明必须要加强对信用评级机构的监管。模型发现，监管部门和评级机构的博弈中产生了五个均衡点，并且在四种条件下，博弈会趋向于四种不同均衡点。理论模型表明，为了促进信用评级机构的准确性，监管部门需要从四个方面进行约束：采取声誉机制对评级机构的行为进行约束、降低不公正评级所得到的额外利益、提升监管的效率和增大对于评级机构错误的惩罚。柳永明（2008）指出，美国信用评级业采用的 NRSRO 政策会引发监管不当。借鉴美国评级业的经验，中国信用评级业需要建立统一的监管标准和建立唯一的监管部门，在针对评级机构的监管中引入法律手段。何伟和周晓志（2009）指出，金融危机使众多学者对美国三大评级机构的表现产生怀疑。借鉴美国评级业的教训，中国信用评级业应该提升评级的准确性，加强对于评级机构的监管，提升中国评级机构的公信力。

2.3.4 建立激励约束机制

学者提出建立创新性的激励约束机制来矫正评级机构的行为。利斯托金和泰布尔森（Listokin and Taibleson，2010）提出一种激励体系，即信用评级机构的付费模式不再是由发行人支付现金而是支付债券。在这种体系下，如果评级机构高估债券评级，评级机构收到的债券价值会降低，低于其所代替的现金费用。邦加茨等（Bongaerts et al.，2012）根据激励相容理论提出，如果评级公司给予一家公司高的评级，那么它必须对这家公司进行一定的投资。亨特（Hunt，2009）提出，由信用评级机构将质量较低评级所带来的利润上缴的方式来解决信用评级业的缺陷。帕特诺伊（Partnoy，2006）提出，为了降低管制性证书的影响，可以为 NRSRO 制度寻找替代机制。圣乔治等（Sangiorgi et al. , 2009）提出，如果能够提高评级成本和强制对评级收取费用，可以降低评级选购的现象。马西斯等（Mathis et al. , 2009）提出平台付费模型，即由平台作为债券发行人和评级机构间的中间联系人，从而切断债券发行人和评级机构间的商业联系，解决利益冲突问题。斯克雷塔和威尔得坎普（Skreta and Veldkamp，2009）指出，由机构投资者自身进行评级，较为可信和可靠。

2.4 文献评述

纵观现有文献，国外对于信用评级业功能、缺陷及解决方案的研究已经达到较深的层次。从研究主权信用评级对于宏观经济、主体信用评级对公司财务安排、债券信用评级对债券融资成本的影响，到指出信用评级业存在的内生性缺陷，到设计机制来解决信用评级机构存在的缺陷，均处于成熟阶段。

第一，学者们对于信用评级业提供的主权信用评级、主体信用评级和债券信用评级这三种不同类型评级在宏微观经济中所发挥的功能具有共识。信用评级机构作为一种特殊的金融中介机构，具有降低信息不对称的重要作用。大量研究涉及主权评级改变对于资本市场、资本流动和经济增长的影响力，指出主权信用评级能够向投资者传递关于国家信用风险的信息，具有引导资源在国家间配置的功能。主体信用评级与企业盈余管理、公司治理行为、公司融资行为、并购支付方式之间都有着密切的关联，尤其是具有提升债务融资能力的功能。债券评级的基本价值在于向投资者证明债券发行人的信用质量，减少直接传递信息的道德风险问题，从而降低债券的融资成本。

第二，周期性行为、声誉机制的无效性、利益冲突、评级高估是信用评级业存在的主要缺陷。从周期性行为角度来看，信用评级机构在经济繁荣期倾向于评级高估，评级的信息价值下跌，使投资者无法识别出债券中所隐含的风险。从声誉机制无效性上看，信用评级机构本应该受到声誉机制的约束来提供准确评级，但是却为了获得短期利益而不顾自身声誉。从利益冲突角度来看，发行人付费模式的存在使信用评级机构为了吸引更多的购买者而选择给予债券发行人高估的不准确评级。从评级高估角度来看，由于债券发行人可以从多个评级机构中选购更高的评级，由此导致了各家评级机构间采用评级高估的方式在激烈的竞争中争夺市场份额。

第三，学者们针对信用评级业存在的缺陷提出相应的举措。对于怎样才能解决信用评级业存在的缺陷进而约束评级业为市场参与者提供高质量的评级，部分文献从改善信用评级市场结构的角度进行探讨。为了确保信用评级业的健康发展，其他相关的措施包括：采用投资者付费模式替代发行人付费模式、强化对信用评级机构的监管和出台相应法规对投资者的利益进行保护、建立激励约束体系。

已有文献对于信用评级业的功能、缺陷和解决方案的讨论，对于探讨中国信用评级业的相关问题有重要的启示。中国信用评级业起步晚，运作方式主要模仿美国信用评级机构而来，在资本市场的公信力处于较低的水平。国内对于信用评级的理论研究和实证分析也相对滞后。因此，对于中国信用评级业的研究需要借鉴国外理论分析框架，结合中国信用评级业发展的特点进行论证和检验。国内外关于信用评级业的研究主要有以下五个方面的研究需要补充。

第一，国内外针对主权信用评级影响的研究主要集中于主权信用评级对于主权债券市场、CDS 市场、股票市场的影响，关于主权信用评级对于国家经济增长影响的研究较少，特别是未涉及主权评级对于其他国家经济增长的影响。同时，针对债务危机时期和非债务危机时期主权评级影响力异质性的研究、理论分析和实证检验并不多见。经历了债务危机的欧元区国家数据为本书研究上述问题提供了绝佳的样本。

第二，现有关于主体信用评级与公司财务安排关系的研究集中于探讨主体信用评级与盈余管理、公司治理、融资能力的相关性，涉及主体评级对并购支付方式影响的研究较少，并且缺乏中国制度背景下的探讨。同时，已有研究主体评级缓解企业债务融资约束的研究大多数是将其作为一种事实和假设，并未给予实际的证据证明理论的存在性。本书采用中国主体评级的数据，首次为主体评级提升企业债务融资能力理论提供实证上的经验证据。

第三，现有关于债券信用评级对债券融资成本影响的研究着重于公司企业债、中期票据和短期融资券融资成本这些债券类型，并未有研究考察债券信用评级对于中小企业私募债融资成本的影响。但是，在中国特殊国情背景下，中小企业较为严重的信息不对称程度是制约中小企业发展的关键因素，中小企业所发行的私募债融资属于特殊的债券品种。现有关于信用评级在私募债中发挥作用的研究以定性分析和统计分析为主，缺少实证上的研究。本书以信息不对称程度更为严重的中小企业私募债为样本，实证考察债券信用评级在私募债发行中所发挥的作用。

第四，现有针对信用评级业周期性行为的研究较为成熟，理论模型证明了评级质量的逆周期性和评级水平的顺周期性。但是评级质量的逆周期性是否存在，未得到实证方面的验证，直观证明评级水平的顺周期性也未见尝试。国内针对信用评级业缺陷的研究以定性分析为主，主要停留在对美国信用评级模式的评判和反思阶段，缺少本土化分析，说服力较弱。因此，从中国评级业的特殊背景出发对中国信用评级业的周期性行为做出进一步的实证分析变得很有必要。

第五，中国信用评级业的缺陷如何解决？国内研究只提出定性的建议远远不够，需要具有较强的可操作性。相比于国外针对信用评级业市场结构丰富的理论和实证分析，目前国内针对信用评级业市场结构改善的研究以定性分析居多，主要是从借鉴三大机构的经验出发来描述中国评级业市场结构，忽略了从中国评级业的特定背景出发进行研究，缺乏实证数据上的支持。

这些便是以下各章理论分析和实证研究的起点。从下一章开始进入本书的实证分析部分，本书在第 3 章、第 4 章、第 5 章分别探讨信用评级业提供的主权信用评级、主体信用评级和债券信用评级这三种类型评级所具有的功能。第 6 章转向信用评级业存在的周期性行为缺陷。第 7 章则从建立合理的信用评级业市场结构角度探讨信用评级业缺陷的解决方案。

第3章　主权信用评级与国家经济增长：欧元区国家经验

从本章开始进入本书的实证分析部分，本书在第3章、第4章和第5章分别探讨信用评级业提供的主权信用评级、主体信用评级和债券信用评级这三种类型评级所具有的功能。本章关注信用评级业所提供的主权信用评级对于国家经济增长的影响，从而探讨主权信用评级是否具有向投资者传递国家信用风险信息和引导资源在国家间配置的功能。

在国际信用评级业中，标准普尔、穆迪和惠润三大评级机构针对国家主权债务风险所给出的主权信用评级对于各国经济发展具有重大影响力，并且能够影响其他国家。相关研究指出，主权信用评级能够影响主权债券和股票收益率，改变各国在国际金融市场上的融资成本（Cantor and Packer，1996；Brooks et al.，2004），也能够影响资本的流入和流出（Gande and Parsley，2014；Longstaff et al.，2011）。从利率和资本流动两种渠道上来看，主权信用评级对于国家经济增长产生重要作用（Chen et al.，2016）。同时，主权信用评级改变会通过溢出到其他国家的债券市场和股票市场进而影响其他国家的经济增长率（Kaminsky and Schmukler，2002）。因此，本章选取在欧洲主权债务危机中受到主权信用评级深刻影响的欧元区国家为样本，探讨主权信用评级改变对本国经济增长率的影响，同时研究主权评级改变是否能够带来其他国家经济增长率的变化，并且探讨在债务危机时期这种影响的异质性。

3.1　理论分析与研究假设

首先，本章分析主权信用评级如何影响欧元区国家本国的经济增长。主权信用评级是对国家主权债务偿还能力的衡量，偿还能力强的国家具有更高的主权信用评级（Cantor and Packer，1996）。陈等（Chen et al.，2016）指出，主权信用评级能够从利率和资本流动两种渠道影响国家的经济增长率。

一方面，从利率渠道上看，信用评级机构属于资本市场的金融中介，给出的信用评级可以缓解投资者与债券发行人间的信息不对称（Baker and Mansi，2002）。主权信用评级改变公告能够传递有价值的信息给资本市场，使投资者获得债券股票风险的新信息并且调整其投资组合，进而造成主权债券、CDS 和股票收益率差价的显著改变（Reisen and Von Maltzan，1998）。负向的主权评级改变会导致主权债券差价的显著提高（Cantor and Packer，1996），引起主权 CDS 价差上升（Ismailescu and Kazemi，2010），给股票市场收益带来负向影响（Hooper et al.，2008）。

在国际资本市场中，主权债券市场、CDS 市场和股票市场是各国的主要融资和借贷渠道。并且主权债券是国家的基础性债券，主权债券收益率是借款国家利率的基准（Gande and Parsley，2005）。因此，主权信用评级决定了世界各国是否能够从国际资本市场上借贷及借贷成本，具有最低主权评级的国家不能够从国际资本市场上借贷（Reinhart，2002）。因此，当国际三大评级机构对欧元区某个国家实行主权降级后，该国企业在国际资本市场上发行债券股票的票面利率上升，债务融资成本急剧上升（Wrana and Martín，2014；范彦君和董裕平，2012）。这会造成企业的融资渠道减少，使企业面临的融资约束加大，融资困境会使企业用于投资和生产的资金紧张，导致企业减少投资（Almeida et al.，2014）。这不利于企业生产效率的提高和企业创新的进行，从而造成经济增长率的下跌。

另一方面，从资本流动渠道上看，根据“资本安全转移”学说，一个国家的资本流动受到该国主权信用风险因素的影响，投资者倾向于将资金从风险较高的地区转移到风险较低的地区，以规避风险（Longstaff et al.，2011）。当国际三大评级机构对于一个国家的主权评级进行降级后，该国的主权信用风险加大，投资者会重新平衡其资产组合，为了避免风险会将资金转移出该国，造成该国资本流出的增多（Gande and Parsley，2014；Baum et al.，2014）。同时，在一个国家遭遇主权降级的情况下，外国流入该国的资本量也会大幅度下跌（Larraín et al.，1997）。在资本流入减少和资本流出增多的双重背景下，该国经济增长率会下跌（Gheeraert，2005）。

因此，主权降级会从提升融资成本和减少资本流入两种渠道来降低欧元区国家本国的经济增长率。与之相反，主权升级会带来欧元区国家本国经济增长率的上升。根据以上分析，本章提出第一个假设。

假设1：主权升级会带来本国增长率的上升，主权降级会导致本国增长率的下跌。

其次，本章探讨在债务危机期间，主权信用评级对于本国经济增长率的影响是否存在异质性。主权信用评级是针对国家在国际资本市场上发行主权债务的风险评价，在债务危机时期主权信用评级对于经济增长的影响力可能不同。

从信息含量角度来看，主权信用评级改变能够传递新的信息给予市场（Reisen and Von Maltzan，1998）。但是在债务危机时期，投资和产出均处于衰退阶段（Reinhart and Rogoff，2010）。投资者根据市场信息已然知晓债务危机国家存在着的巨大风险，并且根据自身判断调整投资，减少对于危机国主权债券的持有比重，资本从该国流出，进而造成该国经济增长率下降（Bulow and Rogoff，1989；Duffie et al.，2003；Arteta and Hale，2008）。此时，评级机构给出的主权降级属于市场的滞后反应（马林影和赵放，2013）。评级中所包含的除市场信息以外的增量信息相比于非债务危机时期减少，进而导致主权降级对于经济增长率的影响力下降。相反，在非债务危机时期，经济处于较为繁荣的时期，此时国际三大评级机构的降级超出了投资者的预期，具有更强的前瞻性，为市场提供了预先的提醒作用，给市场带来较高的增量信息，从而对于经济增长率具有重大的影响力。

从评级机构存在的内生性缺陷角度来看，虽然国际三大评级机构给出的主权评级在国际市场上具有重大影响。但是，评级机构的行为存在很多缺陷，特别是在危机期间的评级错误性表现饱受诟病。在债务危机发生前的繁荣期，主权评级机构倾向于给予主权债务高估的评级，并未能够及时给予投资者以必要的提醒，在债务危机发生后又频繁地降级，评级高估和评级低估的存在使市场投资者对于评级机构的信任度严重下降（Kiff et al.，2012；Jain，2014；Duygun et al.，2014）。斯蒂格利茨等（Stiglitz et al.，1999）发现，评级机构在东亚危机后变得更为保守，其所给予的降级要大于东亚国家经济基本面所表现出来的应有的降级程度。邦尼特（Bonnet，2014）指出，在欧洲主权债务危机后评级机构存在对于至少10个国家的评级低估。因此，在债务危机时期，评级机构的频繁降级使投资者丧失了对于评级机构公信力的认可，因而造成评级机构主权降级的影响力下降。

因此，从信息含量和评级机构内生缺陷两个角度可以看出，相比于非债务危机时期，在债务危机时期，主权降级对于本国经济增长率的影响力更小。基于以上分析，本章提出第二个假设。

假设2：在债务危机时期，主权降级对于经济增长率的影响力更小。

再其次，本章探讨主权信用评级是否会影响欧元区其他国家的经济增长。国际评级机构对于欧元区一国的主权评级改变会通过利率和资本流动两种渠道影响其他国家的经济增长。一方面，从利率渠道上看，当国际主权评级机构对一个国家进行主权降级后，投资者认识到该国主权债券和股票风险加剧，会降低对债券股票的需求，使主权证券价格下跌进而收益率差价升高，该国金融市场出现动荡（Safari and Ariff，2015）。而欧元区国家具有一体性，各国间的金融市场具有较强的联动性。一国主权证券风险的加大会影响投资者对其他欧元区国家证券的风险评估，使投资者减少对其他欧元区国家证券的投资，进而造成其他欧元区国家的债券和股票价格变动（Kaminsky and Schmukler，2002；Huang et al.，2014）。欧元区其他国家的主权债务融资成本加大，获取资金的困难性增强，经济受到负面冲击。另一方面，从资本流动渠道上看，当欧元区某国遭受主权降级后，因为金融市场的高度联动性，其他国家的主权债券和股票风险加大。根据资本流动的“安全投资转移”理论，资本会从风险提升的其他国家流出，进而造成其他国家经济增长率下跌（Longstaff et al.，2011）。

因此，从利率和资本流动两种渠道看出，欧元区一国的主权降级会影响其他国家，造成其他国家经济增长率的下降。但是，主权降级对于其他国家经济增长的影响在债务危机时期和非债务危机时期可能存在不同。一方面，国际评级机构具有利益冲突、评级高估等内生性缺陷，在2007年金融危机和2010年欧洲主权债务危机前并未及时给予投资者以提醒，使投资者对于国际评级机构的信任度降低，评级质量下跌成为共识（Bonnet，2014；Cantor and Packer，1996）。这就导致投资者在债务危机期间对于评级机构给出的评级认可度不高，进而造成主权评级对于其他国家经济增长率的影响力下降。另一方面，欧元区国家作为一体性的区域，经济存在较强的联动性。在债务危机期间，一个国家负向的经济基本面会通过多种渠道传染到其他国家，进而给其他国家经济带来负面影响。主权降级传染只是危机传染其中的一个渠道，这也可能使债务危机期间主权降级对于其他国家经济增长的效应下降。因此，本章提出第三个假设。

假设3.1：一国主权降级会影响欧元区其他国家，造成其他国家经济增长率的下跌。

假设3.2：在债务危机时期，主权降级对于其他国家经济增长率的负向效应更小。

最后，对于不同类型的国家来说，主权降级对于经济增长率的影响存在异质性。对于贸易赤字率较高、经济规模较小，主权评级水平低于A1级别的国家来说，国家经济形势更差（Frankel and Romer，1999）。市场投资者对于此类国家经济状况持有悲观预期，使其在国际金融市场上的融资成本较高。因此，对于这类国家，主权信用评级扮演着非常重要的角色，能够极大程度上影响国家是否能够从国际资本市场借贷以及相应的借贷成本（Reinhart，2002）。因此，对于这类依赖于主权信用评级来提升自身融资能力的国家来说，主权降级后经济增长率会受到更大的影响，主权降级会进一步加重国内较差的经济形势。但是对于贸易赤字率更小、经济规模更大、主权评级水平高的国家来说，较好的经济形势使国际金融市场中的投资者对其有较强的信心，同时此类国家接触到国际资本市场的能力较强，并不依赖于主权评级来获取国际金融市场融资的可能性和更低的融资成本。因此，对于此类国家来说，主权降级的影响力更弱。因此，本章提出第四个假设。

假设4：对于贸易赤字率更高、经济规模更小、主权评级水平低于A1级别的国家来说，主权降级对于经济增长率的影响力更强。

3.2 研究设计

3.2.1 样本选择与数据来源

本章选取欧元区19个国家1995～2014年的数据作为分析样本来考察主权信用评级对于经济增长的影响。目前欧元区国家一共有19个，1999年1月1日，德国、卢森堡、葡萄牙、法国、奥地利、意大利、比利时、荷兰、西班牙、爱尔兰和芬兰这11个国家首批加入欧元区。随后希腊在2001年1月加入欧元区。2007年后加入欧元区的7个国家为斯洛文尼亚、塞浦路斯、马耳他、斯洛伐克、爱沙尼亚、拉脱维亚和立陶宛。主权信用评级数据采用的是穆迪官网公布的国家长期外币主权评级①。人均 GDP 增长率、GDP 增长率、贸易赤字占 GDP 的比重、一般政府最终消费支出占 GDP 的比重、人口增长率来自世界银行的世界发展指标（WDI），财政赤字占 GDP 的比重、政府公共债务占 GDP 的比重来自欧洲统计局。欧元区各国 10 年期国债收益率及美国 10 年期国债收益率来自中经网统计数据库与万得（Wind）数据库②。

3.2.2 指标设计

3.2.2.1 主权信用评级

主权信用水平的定义方式借鉴陈等（Chen et al.，2016）的方法，将穆迪给出的 C 级定义为 1，Ca 级为 2，Caa3 级为 3，Caa2 级为 4，Caa1 级为 5，B3 为 6，B2 为 7，B1 为 8，Ba3 为 9，Ba2 为 10，Ba1 为 11，Baa3 为 12，Baa2 为 13，Baa1 为 14，A3 为 15，A2 为 16，A1 为 17，Aa3 为 18，Aa2 为 19，Aa1 为 20，Aaa 为 21。同时本章考虑了穆迪公司给予的评级展望和观察名单，如果评级机构给出的主权评级正向展望，在原有评级水平的基础上再加 0.5，如果评级机构给出的主权评级展望为稳定，则保持原有评级水平不变，如果评级机构给予主权评级负向展望，在原有评级水平的基础上减去 0.5。如果穆迪评级公司将国家列入升级观察名单，在最初评级水平上加 0.25，如果穆迪评级公司将国家列入降级观察名单，在最初评级水平上减去 0.25。这样可以得到该国家的综合评级水平变量 Level。由于在某些年份，穆迪公司多次给出和调整主权评级，因此，在有多次主权评级的年份，将该年份最晚的一次评级水平作为该年份的评级水平。

根据计算出来的综合评级水平，本章定义主权升级水平变量 Upgrade，如果欧元区某国在某年发生了主权评级水平的升高，Upgrade 取值为该年主权评级水平相比于上一年升高的水平，如果在该年份主权评级不变或者是发生了降级，则 Upgrade 取值为 0。同时本章设计主权降级水平变量 Downgrade，如果该国在该年份发生了主权降级，则 Downgrade 取值为该年份相比上一年主

① 穆迪官网的国家长期外币主权信用评级来自 https：//www.moodys.com/researchandratings/research-type/issuer - research/ratings-news/003004005/4294966708/4294966848/ - 1/0/ - /0/ - / - /en/global/rr.

② 在 19 个欧元区国家中，从中经网统计和 Wind 数据库中仅得到 16 个国家具有 10 年期主权债券收益率数据。

权评级水平降低的绝对值，如果在该年份主权评级不变或者是发生了升级，Downgrade 取值为 0。

另外，本章采用主权评级改变的样本设计主权评级改变虚拟变量 Change1，如果欧元区国家在 1995～2014 年某年份的评级水平相比上一年发生了升级，Change1 取值为 1，如果评级水平相比上年出现了降低，Change1 取值为 0。同时本章采用全样本设计主权评级改变变量 Chang2，如果欧元区某国在某年的主权评级水平发生升级，Change2 取值为 1，如果主权评级水平不变，Change2 取值为 0，如果主权评级发生降级，Chang2 取值为 -1。

3.2.2.2　债务危机

过去研究对于债务危机的界定存在争议（Hajivassiliou，1994；Lee，1991）。莱茵哈特和罗格夫（Reinhart and Rogoff，2011）将主权违约定义为：未按期支付本金或利息、重组债务期限不利于债权人。但是根据上述债务危机定义所得到的债务违约事件较少。为了解决样本量过少的难题，本章采用其他的替代指标来衡量债务危机。本章从三个方面来设计债务危机的衡量指标。

第一，本章采用政府公共债务与 GDP 的比重作为债务危机的代理变量。根据鲍尔等（Bauer et al.，2005）的研究，当一国债务水平占据 GDP 的比例大于 40% 时，该国即发生了债务危机。欧盟《马斯特利赫特条约》和《稳定与增长公约》规定的公共债务占 GDP 比重上限为 60%，财政赤字不得超过当年 GDP 的 3%（杨晓龙，2012）。因此，本章根据公共债务占 GDP 的比重分为高债务组和低债务组，当政府公共债务占 GDP 的比重处于所有样本的中位数以上，Debt1 取值为 1，否则为 0。同时，本章设计债务危机虚拟变量 Debt2，如果某国在某年的政府公共债务占 GDP 的比重超过 60% 时，定义为发生了债务危机，Debt2 取值为 1，否则 Debt2 取值为 0。另外，本章设计债务危机虚拟变量 Debt3，如果某国在某年的政府公共债务占 GDP 的比重超过 60%，同时财政赤字占 GDP 比重大于 3% 时，定义为发生了债务危机，Debt3 取值为 1，否则 Debt3 取值为 0。

第二，本章采用主权债券利差来定义债务危机。债务危机实际上指的是一个国家主权债务违约风险增高，但是却不一定会导致债务违约。主权债务困境包括实际主权债务违约，也包括即将违约但是由于外部支持而被避免的情形。因此，本章可以将一国主权债务陷入困境的情况定义为债务危机。本章借鉴阿尔特曼（Altman，1998）和刘莉亚（2007）对于困境证券的定义方法，如果该国10年期主权债券在一年中至少有一个月的月度收益率超出相应时间的美国10年期国债收益率400个基点或者更多时，就将此主权债务认定为困境债券，就认为发生了债务危机，债务危机虚拟变量Crisis400取值为1，否则为0。如果该国10年期主权债券在一年中至少有一个月的月度收益率超出相应时间的美国10年期国债收益率500个基点或者更多时，债务危机虚拟变量Crisis500取值为1，否则为0。如果该国10年期主权债券在一年中至少有一个月的月度收益率超出相应时间的美国10年期国债收益率600个基点或者更多时，债务危机虚拟变量Crisis600取值为1，否则为0。

第三，本章根据实际发生危机情况主观设计债务危机变量。2009年，希腊主权债务问题显现，并且在2010年3月向欧元区其他国家蔓延。因此，本章根据欧洲主权债务危机的实际发生情况设计债务危机指标Crisis1，将2010~2013年的所有欧元区国家设置为1，其他设置为0。同时，在欧洲主权债务危机中受到影响最深的国家为意大利、西班牙、希腊、葡萄牙和爱尔兰。因此，本章主观设定危机指数Crisis2，将2010~2013年的此五国设置为1，其他设置为0。

3.2.3 模型设定

第一，为了验证“假设1”的成立，本章借鉴陈等（Chen et al.，2016）建立模型（3.1）来研究主权信用评级对于本国经济增长的影响，即：

$$\begin{aligned} Avegdpcapr_{i,t,t+1} = {} & \beta_0 + \beta_1 Change_{i,t} + \beta_2 Trade_{i,t} + \beta_3 Fiscal_{i,t} + \beta_4 Cons_{i,t} \\ & + \beta_5 Populr_{i,t} + \sum Year + \sum Country + \varepsilon_{i,t} \end{aligned} \tag{3.1}$$

其中，模型（3.1）的被解释变量为Avegdpcapr，代表i国在t期和t+1期人均GDP增长率的平均值。主要的解释变量为主权评级改变Change，本章从五个方面进行衡量，分别为前面设计的Upgrade、Downgrade、Level、Change1和Change2。但是，影响经济增长的除了主权评级改变这个变量外，还有很多其他的因素。从需求角度来看，消费和进出口为拉动经济增长的重要因素，消费水平和贸易盈余越大，国家的经济增长率更高。另外，伊斯特利等（Easterly et al.，1993）考察了政府支出和政府行为对经济增长的影响，财政盈余越高，国家的经济增长率越大。对于人口如何影响经济增长的研究起源于马尔萨斯，虽然现有研究对于人口影响经济增长的机制未达成一致，但是人口确实是影响国家经济增长的重要因素（胡翠和许召元，2011）。综合以上研究，本章控制了以下变量的影响：贸易赤字占GDP的比重（Trade）、财政赤字占GDP的比重（Fiscal）、政府一般最终消费占GDP的比重（Cons）和人口增长率（Populr）。此外，本章控制了年度和国家虚拟变量。模型（3.1）关注 β_1 的系数。

第二，为了验证“假设2”的成立，本章建立模型（3.2）探讨债务危机时期主权信用评级对于本国经济增长率的影响力是否有所不同，即：

$$\begin{aligned} Avegdpcapr_{i,t,t+1} = {} & \beta_0 + \beta_1 Change_{i,t} + \beta_2 Crisis_{i,t} + \beta_3 Change_{i,t} \cdot Crisis_{i,t} \\ & + Controlvariables + \sum Year + \sum Country + \varepsilon_{i,t} \quad (3.2) \end{aligned}$$

其中，被解释变量为Avegdpcapr，代表i国在t期和t+1期的人均GDP增长率平均值。主要的解释变量为主权信用评级改变Change，从两个方面进行衡量：Downgrade和Upgrade。模型（3.2）在模型（3.1）的基础上加入了债务危机变量Crisis、主权评级改变与债务危机变量的交叉项。根据前面分析可知，本章从三个方面设计变量Crisis。根据债务水平构建三个债务危机变量Debt1、Debt2和Debt3。根据主权债券利差建立三个债务危机变量Crisis400、Crisis500和Crisis600。根据实际发生危机情况设计两个债务危机变量Crisis1和Crisis2。模型（3.2）关注 β_3 的系数。

第三，为了验证“假设3.1”和“假设3.2”的成立，本章借鉴费雷拉和伽马（Ferreira and Gama，2007）的研究建立模型（3.3）和模型（3.4）考察主权评级改变对于欧元区其他国家经济增长的影响及这种效应在债务危机时期的异质性，即：

$$\begin{aligned} Avegdpcapr_{j,t,t+1} = {} & \beta_0 + \beta_1 Eventchange_{i,t} + \beta_2 Change_{j,t} + \beta_3 Eventlevel_{i,t} \\ & + \beta_4 Level_{j,t} + Controlvariables + \sum Country + \varepsilon_{i,j,t} \quad (3.3) \end{aligned}$$

其中，被解释变量为Avegdpcapr，代表非评级改变事件j国在t期和t+1期的人均GDP增长率平均值。主要的解释变量为主权评级改变事件发生国i在t期的评级改变水平Eventchange，主要从两个方面进行衡量：Eventdown和Eventup。当事件国发生主权降级时，Eventdown为主权降级水平的绝对值，当事件国未发生评级改变和评级升级时，设定为0。当事件国发生主权升级时，Eventup为主权升级水平，当事件国未发生评级改变和评级降级时，设定为0。同时，本章控制了其他变量的影响：非事件国的主权评级改变情况Change（从两个方面进行衡量：Downgrade 和 Upgrade），非事件国的主权评级改变会影响自身的经济增长率，非事件国家发生了主权升级会使自身经济增长率升高；事件国的主权评级水平（Eventlevel），事件国家的主权评级水平越高，可能会传染到非事件国家，进而带来非事件国经济增长率的提高；非事件国的主权评级水平（Level），非事件国家的主权评级水平越高，自身的经济增长率会增高。其他的控制变量与模型（3.1）相同。此外，本章控制了国家虚拟变量。模型（3.3）关注 β_1 的系数，即：

$$Avegdpcapr_{j,t,t+1} = \beta_0 + \beta_1 Eventchange_{i,t} + \beta_2 Crisis_{j,t} + \beta_3 Eventchange_{i,t} \cdot Crisis_{j,t} + Controlvariables + \sum Country + \varepsilon_{i,j,t} \quad (3.4)$$

其中，被解释变量为 Avegdpcapr，代表非评级改变事件 j 国在 t 期和 t+1 期的人均 GDP 增长率平均值。主要的解释变量为主权评级改变事件发生国 i 在 t 期的评级改变水平 Eventchange，从两个方面进行衡量：Eventdown 和 Eventup。模型（3.4）在模型（3.3）的基础上加入了债务危机变量 Crisis、主权评级改变与债务危机变量的交叉项。本部分根据实际发生危机情况设计两个债务危机变量 Crisis1 和 Crisis2。本模型的控制变量与模型（3.3）相同。模型（3.4）关注 β_3 的系数。

第五，为了验证“假设4”的成立，本章建立模型（3.5）考察主权信用评级对于本国经济增长率的异质性影响，即：

$$Avegdpcapr_{i,t,t+1} = \beta_0 + \beta_1 Change_{i,t} + \beta_2 External_{i,t} + \beta_3 Change_{i,t} \cdot External_{i,t} + Controlvariables + \varepsilon_{i,t} \quad (3.5)$$

其中，模型（3.5）在模型（3.1）的基础上加入国家特征变量 External、主权评级改变与国家特征变量的交叉项。国家特征变量 External 主要从贸易赤字率（Trade）、国家经济规模自然对数（GDP）、评级改变类型（Ifreal）、是否加入欧元区（Ouyuan）、评级改变前的主权评级水平（Rating）、评级改变次数（Many）六个方面进行考察。贸易赤字率 Trade 为正，意味着出口总额大于进口总额，国家处于贸易顺差，否则为贸易逆差。当一国在一年内的多次评级改变中全部为实际评级改变，Ifreal 设置为 1，如果在多次评级改变中存在观察名单或者是展望改变，设置为 0。如果一国在某年还未加入欧元区，Ouyuan 设置为 0，如果在某年已经加入欧元区，Ouyuan 设置为 1。如果在某年评级改变前的主权评级水平为 A1 级别或者是高于 A1 级别，Rating 设置为 1，如果评级水平低于 A1 级，设置为 0。如果一国在一年内的评级改变次数为 2 次或以上，Many 设置为 1，否则设置为 0。在模型（3.5）中，主权评级改变 Change 包括主权升级 Upgrade 和主权降级 Downgrade 两个变量。模型（3.5）关注 β_3 的系数。

3.2.4 描述性统计分析

本部分对主要变量进行描述性统计，如表 3.1 所示。从表 3.1 可以看出，在所有样本数据中，当年和未来一年的平均人均 GDP 增长率最小为 -9.823%，最大达到 12.009%。对于主权评级改变变量 Change1，样本中共有 85 次主权评级改变，升级 42 次，占全部评级改变数的 49.4%。对于主权评级升级水平 Upgrade，最高的升级水平为 3 级。而主权降级水平 Downgrade 最大的降级程度达到 8.75 级，是穆迪评级公司在 2011 年欧债危机期间对于希腊的降级水平，这表明欧债危机期间，评级机构对于主权评级的降级程度较高。对于主权评级水平变量 Level，欧元区国家从 1995～2014 年的主权评级平均值达到 17.896，最高的主权评级级别为 Aaa 级，最低的主权评级级别为 C 级。

表 3.1　描述性统计分析

变量	样本量	平均值	标准差	最小值	最大值
Avegdpcapr	343	2.072	3.340	-9.823	12.009
Downgrade	343	0.282	1.051	0	8.75
Upgrade	343	0.129	0.428	0	3
Level	343	17.896	3.553	1	21
Change1	85	0.494	0.503	0	1
Change2	343	-0.003	0.499	-1	1
Trade	343	1.200	9.113	-20.702	33.842
Fiscal	343	-2.968	3.926	-32.3	6.9
Cons	343	19.403	2.440	12.046	26.481
Populr	343	0.378	0.793	-2.258	2.891
Debt1	343	0.504	0.501	0	1

续表

变量	样本量	平均值	标准差	最小值	最大值
Debt2	343	0.248	0.432	0	1
Debt3	343	0.280	0.450	0	1
Crisis400	270	0.115	0.319	0	1
Crisis500	270	0.081	0.274	0	1
Crisis600	270	0.052	0.222	0	1
Crisis1	343	0.213	0.410	0	1
Crisis2	343	0.058	0.235	0	1
Eventdown	6174	0.277	1.041	0	8.75
Eventlevel	6174	17.691	3.624	1	21
Eventup	6174	0.138	0.452	0	3
GDP	343	25.696	1.855	22.004	28.953
Ifreal	343	0.058	0.235	0	1
Ouyuan	343	0.799	0.401	0	1
Rating	343	0.703	0.458	0	1
Many	343	0.108	0.311	0	1

欧元区国家在样本期间的贸易盈余占GDP的比重平均值为1.2%，拉脱维亚在2006年的贸易逆差最高，贸易赤字率达到-20.702%，而卢森堡在2012年度的贸易盈余达到33.842%，贸易顺差较大。同时，欧元区国家在1995~2014年的财政盈余占GDP的比重平均值为-2.968。说明欧元区国家在样本期间平均处于财政赤字状态。爱尔兰在2010年度的财政赤字率达到-32.3%，最高的财政盈余为芬兰在2000年所达到的6.9%。从这些数字可以看出，欧元区国家间的经济状况存在较大的差别，部分国家在贸易、财政等方面的经济水平较高，而部分国家的经济处于衰退阶段。

在所有343个样本中，全部为实际评级改变的样本数达到20个，而全部为负向观察名单或者是正向观察名单、全部为正面或者是负面展望，或者是观察名单、展望和实际评级改变混合的样本数为323个。在所有的343个样本中，评级改变前的主权评级水平低于A1级的样本量为241个，而评级改变前的主权评级水平高于或者是等于A1级的样本量仅有102个。在所有的343次样本中，评级改变次数为2次或以上的样本达到37个，而当年只有1次评级改变的样本量达到306个。

债务危机变量Debt2平均值为0.494，意味着在所有样本中，公共债务占GDP的比重超过欧盟《马斯特利赫特条约》和《稳定与增长公约》规定的60%的公共债务比重上限的样本占49.4%。这说明欧元区国家在1995~2014年的债务比率较高。债务危机变量Debt2平均值为0.248，意味着在所有样本中，公共债务比重超过60%的公共债务比重上限同时财政赤字率超过规定的3%比重上限的样本为85个。在所有270个债券收益率样本中仅有31个Crisis400、22个Crisis500和14个Crisis600。

3.3 实证结果分析

本部分主要采用OLS回归方法对于模型（3.1）~模型（3.4）进行回归。首先，本章对模型（3.1）进行实证分析考察主权评级改变对于本国经济增长率的影响。其次，本章采用模型（3.2）探讨债务危机时期主权评级对于本国经济增长的影响是否有所不同。最后，本章采用模型（3.3）和模型（3.4）研究主权评级对欧元区其他国家经济增长的影响和这种效应在债务危机时期的异质性。

3.3.1 主权信用评级对于国家经济增长的影响

本部分采用模型（3.1）探讨主权评级改变是否会影响欧元区国家经济增长率，结果如表3.2所示。在列（1）中，主权降级水平Downgrade的系数显著为-0.833。当穆迪公司将欧元区国家的主权评级降低一级别时，会导致该国当年及未来一年平均人均GDP增长率降低0.833%。这是由于，国际评级机构的主权降级可以从增高融资成本和引起资本流出两个方面对经济增长造成负向影响。当国际评级机构对于一国进行主权降级后，投资者对于该国在国际资本市场上发行的主权债券、股票、CDS持有负向态度，从而大量卖出该国发行的证券，导致证券收益率差价上升，即该国在国际金融市场上的融资成本上升。同时，当国家评级机构对一国进行主权降级后，该国的风险加大，资本倾向于从风险升高的该国流出，转移到风险较小的其他国家。因此，在主权债务融资成本急剧升高和资本大量流出的两种渠道下，国际评级机构的主权降级会使欧元区国家的经济增长率下跌。这一结果与陈等（Chen et al.，2016）所估算的人均 GDP 增长率 0.3% 的降低程度具有一定差别。

表 3.2　　主权信用评级对于本国经济增长的影响

变量	被解释变量：Avegdpcapr				
	(1)	(2)	(3)	(4)	(5)
Downgrade	-0.833*** (-6.80)				
Upgrade		0.851*** (3.09)			
Level			0.341*** (5.55)		
Change1				5.206*** (5.14)	
Change2					1.616*** (6.72)
Trade	-0.0906*** (-2.70)	-0.0723** (-2.03)	-0.0450 (-1.29)	-0.345*** (-3.27)	-0.0823** (-2.45)
Fiscal	0.110** (2.57)	0.202*** (4.68)	0.132*** (3.02)	-0.0245 (-0.26)	0.141*** (3.37)
Cons	-0.258** (-2.54)	-0.246** (-2.27)	-0.184* (-1.74)	-0.626* (-1.88)	-0.237** (-2.32)
Populr	-1.456*** (-5.12)	-1.146*** (-3.83)	-1.733*** (-5.72)	1.408 (1.29)	-1.043*** (-3.67)
Country	YES	YES	YES	YES	YES
Year	YES	YES	YES	YES	YES
constant	11.42*** (5.25)	10.57*** (4.57)	0.821 (0.29)	16.13* (1.88)	8.926*** (4.04)
Obs	343	343	343	85	343
R-sq	0.744	0.713	0.732	0.869	0.743

注：括号中的数值为 t 值，*、**、*** 分别代表在 10%、5%、1% 水平上显著。

在列（2）中，主权升级水平 Upgrade 的系数显著为 0.851。当穆迪评级公司对欧元区国家每升高一级时，该国平均人均 GDP 增长率会提高 0.851%。这是由于，国际评级机构针对欧元区国家的主权升级会降低该国在国际金融市场上的融资成本和带来资本的大量流入。一方面，主权升级会增强投资者对于该国在国际资本市场上发行证券的信心，导致投资者大量买入该国发行证券，使该国的主权债券、CDS 和股票收益率差价下降，即该国的融资成本下降，这降低了该国的融资约束，提升了债务融资能力，从而有利于企业的资源配置和利润提升，促进经济增长。另一方面，主权升级意味着该国的风险下降，而资本具有安全转移的特性，会被该国较低的风险吸引，从风险高的其他国家流入该国，有利于该国的经济增长。因此，国际评级机构的主权升级会从降低融资成本和吸引资本流入两个方面带来该国经济增长率的提升。这与陈等（Chen et al.，2016）所估算的结果存在差异，他们针对全世界 230 多个国家的数据显示，主权评级每升高一级，会带来平均人均 GDP 增长率 0.6% 的提升。这证明了“假设 1”的成立。

列（3）考察了主权评级水平 Level 对于经济增长率的影响，结果发现，主权评级水平 Level 的系数显著为正，主权评级级别更高的国家通常具有更高的经济增长率。

列（4）以主权升级和主权降级为样本研究了主权评级改变对于经济增长率的影响。主权评级改变虚拟变量 Change1 的定义为，如果欧元区国家在 1995 ~ 2014 年某年份的评级水平相比于上一年发生了升级，Change1 取值为 1，如果评级水平相比上年出现了降低，Change1 取值为 0。主权评级改变 Change1 的系数显著为 5.206，这意味着相比于降级来说，经历了主权升级的国家有更高的经济增长率。列（5）考察了主权评级改变指标 Change2 对于经济增长率的影响。本章采用全样本设计主权评级改变变量 Chang2，如果欧元区某国在某年的主权评级水平发生升级，Change2 取值为 1，如果主权评级水平不变，Change2 取值为 0，如果主权评级发生降级，Chang2 取值为 -1。结果显示，主权评级改变 Change2 的系数显著为正，相比于主权降级和主权不变的国家来说，被穆迪评级机构升级的国家经济增长率更大。

3.3.2　债务危机时期主权信用评级对于国家经济增长的影响

本部分采用模型（3.2）考察债务危机时期，主权信用评级对于本国经济增长的影响是否有所不同，本章将主权评级改变分为主权降级和主权升级分别进行探讨。

一方面，本章考察债务危机时期主权降级对于经济增长率的异质性影响。首先，本章根据债务水平设计债务危机指标，结果如表 3.3 所示。列（1）采用的是债务危机虚拟变量 Debt1，即当政府公共债务占 GDP 的比重超过中位数的时候，该变量取值为 1，否则为 0。实证结果显示，主权降级水平 Downgrade 的系数仍旧显著为负，债务危机变量与主权降级水平的交叉项 Downgrade · Debt1 的系数显著为 1.491。这意味着在债务危机时期主权降级对于人均 GDP 增长率的降低程度要小于未发生债务危机时期。同时，本章将全部的样本根据债务占 GDP 比重分为两个子样本，列（2）为债务占 GDP 比重高于中位数的高债务子样本组，列（3）为债务占 GDP 比重低于中位数的低债务了样本组。在列（2）和列（3）的子样本回归结果中，主权降级水平 Downgrade 的系数分别显著为 -0.721 和 -2.072，这说明在债务危机时期，主权降级水平对于经济增长率的影响更小。

表 3.3　债务危机时期主权降级对本国经济增长的异质性影响（债务危机指标 1）

变量	被解释变量：Avegdpcapr				
	（1）	（2）	（3）	（4）	（5）
Downgrade	-2.190*** (-6.73)	-0.721*** (-7.33)	-2.072*** (-5.18)	-2.162*** (-6.65)	-1.915*** (-6.30)
Debt1	0.510 (1.33)				
Downgrade · Debt1	1.491*** (4.44)				
Debt2				0.707** (1.97)	
Downgrade · Debt2				1.460*** (4.36)	
Debt3					0.289 (0.91)
Downgrade · Debt3					1.214*** (3.86)
Trade	-0.0855** (-2.57)	-0.162*** (-3.32)	-0.00422 (-0.09)	-0.0883*** (-2.68)	-0.0798** (-2.43)

续表

变量	被解释变量：Avegdpcapr				
	(1)	(2)	(3)	(4)	(5)
Fiscal	0.116 *** (2.78)	0.101 ** (2.48)	0.221 *** (2.70)	0.121 *** (2.89)	0.130 *** (2.99)
Cons	-0.286 *** (-2.88)	-0.617 *** (-4.74)	-0.0487 (-0.33)	-0.282 *** (-2.87)	-0.270 *** (-2.72)
Populr	-1.190 *** (-4.09)	-0.369 (-0.98)	-1.807 *** (-3.61)	-1.112 *** (-3.79)	-1.292 *** (-4.59)
Country	YES	YES	YES	YES	YES
Year	YES	YES	YES	YES	YES
constant	11.39 *** (5.38)	16.81 *** (5.53)	3.121 (0.85)	11.30 *** (5.38)	11.06 *** (5.21)
Obs	343	173	170	343	343
R-sq	0.762	0.815	0.793	0.764	0.758

注：括号中的值为t值，**、*** 分别代表在5%、1%水平上显著。

列（4）和列（5）分别采用变量Debt2和Debt3来衡量债务危机。实证结果显示，主权降级水平与债务危机的交叉项Downgrade · Debt2、Downgrade · Debt3系数均显著为正，债务危机时期，主权降级对于人均GDP增长率的影响程度更小。这里有两个方面的原因。一方面，在债务危机时期，投资者根据市场信息已经知晓债务危机国家存在着的巨大风险，评级机构给出的主权降级属于市场的滞后反应。在债务危机时期，评级中所包含的除市场信息以外的增量信息减少，进而导致主权降级对于经济增长率的影响力下降。另一方面，从评级机构存在的内生性缺陷角度来看，评级机构在危机期间的评级错误性表现饱受诟病。在债务危机发生前的繁荣期，主权评级机构倾向于给予主权债务高估的评级，在债务危机发生后又频繁地降级，评级高估和低估的存在使市场投资者对于评级机构的信任度严重下降，造成主权降级的影响力下降。因此，从信息含量和评级机构内生缺陷两个方面可以看出，在债务危机时期，主权降级对于经济增长率的影响力更小。

另外，本章根据主权债券利差和欧债危机设计债务危机指标，考察债务危机时期主权降级对于本国经济增长率的影响，结果如表3.4所示。列（1）～列（3）基于主权债券利差设计三种债务危机变量Crisis400、Crisis500和Crisis600。

表 3.4 债务危机时期主权降级对本国经济增长异质性影响（债务危机指标 2 和指标 3）

变量	被解释变量：Avegdpcapr				
	(1)	(2)	(3)	(4)	(5)
Downgrade	−1.482** (−2.54)	−1.182*** (−3.17)	−0.759*** (−3.15)	−3.473*** (−7.95)	−1.064*** (−5.88)
Crisis400	−2.861*** (−4.29)				
Downgrade · Crisis400	1.033* (1.72)				
Crisis500		−3.683*** (−4.86)			
Downgrade · Crisis500		0.840** (2.03)			
Crisis600			−6.268*** (−7.29)		
Downgrade · Crisis600			0.691** (2.25)		
Crisis1				2.002*** (3.07)	
Downgrade · Crisis1				2.799*** (6.26)	
Crisis2					−1.598** (−2.25)
Downgrade · Crisis2					0.526** (2.20)
Trade	−0.00914 (−0.45)	−0.00924 (−0.45)	−0.173*** (−3.66)	−0.0914*** (−2.89)	−0.0889*** (−2.66)
Fiscal	0.110** (2.29)	0.116** (2.47)	−0.0105 (−0.20)	0.0773* (1.89)	0.104** (2.42)
Cons	−0.456*** (−6.80)	−0.458*** (−6.95)	−0.987*** (−7.36)	−0.292*** (−3.04)	−0.249** (−2.46)
Populr	−1.535*** (−6.15)	−1.538*** (−6.27)	−2.472*** (−6.57)	−1.424*** (−5.32)	−1.609*** (−5.49)

续表

变量	被解释变量：Avegdpcapr				
	（1）	（2）	（3）	（4）	（5）
Country	NO	NO	YES	YES	YES
Year	NO	NO	NO	YES	YES
constant	12.20 *** （9.13）	12.23 *** （9.32）	26.41 *** （9.14）	8.665 *** （3.76）	11.40 *** （5.27）
Obs	270	270	270	343	343
R-sq	0.389	0.400	0.598	0.773	0.749

注：括号中的值为 t 值，*、**、*** 分别代表在 10%、5%、1% 水平上显著。

表 3.4 的列（1）采用的是 Crisis400，即当主权债券利差高于 400 个基点时，此变量取值为 1，否则为 0。实证结果表明，主权降级水平 Downgrade 的系数仍旧显著为负，债务危机变量与主权降级的交叉项 Downgrade · Crisis400 系数显著为 1.033，债务危机时期主权降级对于经济增长的负向影响变小。

表 3.4 的列（2）~列（3）得到的结论与列（1）相同，Downgrade · Crisis500、Downgrade · Crisis600 的系数均显著为正。列（4）~列（5）根据欧债危机设定债务危机虚拟变量 Crisis1 和 Crisis2。债务危机指标 Crisis1 的定义为，将 2010 ~2013 年的所有欧元区国家设置为 1，其他设置为 0。表 3.4 的列（4）显示，债务危机变量与主权降级的交叉项 Downgrade · Crisis1 系数显著为正。在 2010 年欧债危机时期，主权降级对于经济增长率的负面效应变弱。列（5）将 2010 ~2013 年的“五国”设定为 1，其他设为 0，形成债务危机指数 Crisis2。实证结果表明，债务危机变量与主权降级的交叉项 Downgrade · Crisis2 系数显著为正。这证实了“假设 2”的成立。

另一方面，本部分研究债务危机时期主权升级对于本国经济增长率的影响是否存在不同，如表 3.5 所示。在列（1）中，主权升级 Upgrade 的系数仍旧显著为正，但是主权升级与债务危机的交叉项系数 Upgrade · Debt3 不再显著。列（2）~列（4）虽然也采用多种方法来衡量债务危机，但是主权评级升级与债务危机的交叉项 Upgrade · Crisis400、Upgrade · Crisis1、Upgrade · Crisis2 均不显著。上述结果说明债务危机时期主权升级对本国经济增长率的影响与非债务危机时期没有明显的不同。

表 3.5　　债务危机时期主权升级对于本国经济增长的异质性影响

变量	被解释变量：Avegdpcapr			
	(1)	(2)	(3)	(4)
Upgrade	0.953*** (3.07)	0.727** (2.41)	0.892*** (3.11)	0.845*** (3.02)
Debt3	0.540 (1.59)			
Upgrade · Debt3	-0.424 (-0.67)			
Crisis400		-3.052*** (-7.12)		
Upgrade · Crisis400		0.658 (1.01)		
Crisis1			-3.740*** (-5.24)	
Upgrade · Crisis1			-0.488 (-0.53)	
Crisis2				-1.885*** (-3.06)
Upgrade · Crisis2				-0.0825 (-0.08)
Trade	-0.0708** (-1.98)	-0.111** (-1.98)	-0.0702* (-1.96)	-0.0687* (-1.95)
Fiscal	0.221*** (4.91)	0.0857* (1.93)	0.202*** (4.67)	0.173*** (3.96)
Cons	-0.253** (-2.34)	-0.476*** (-3.44)	-0.248** (-2.29)	-0.247** (-2.31)
Populr	-1.061*** (-3.50)	-1.823*** (-5.96)	-1.158*** (-3.85)	-1.421*** (-4.60)
Country	YES	YES	YES	YES
Year	YES	YES	YES	YES
constant	10.46*** (4.53)	13.50*** (5.83)	10.56*** (4.56)	10.78*** (4.72)
Obs	343	270	343	343
R-sq	0.716	0.781	0.714	0.722

注：括号中的值为 t 值，*、**、*** 分别代表在 10%、5%、1% 水平上显著。

3.3.3　主权信用评级对于其他国家经济增长的影响

本部分采用模型（3.3）探讨穆迪公司对于欧元区某国主权评级改变是否会影响到其他国家经济增长率，本章将主权评级改变分为主权降级和主权升级分别进行探讨。

一方面，本章考察主权降级是否会影响其他国家经济增长率，结果如表3.6所示。在列（1）中，主权降级事件发生国家的主权降级水平Eventdown的系数显著为-0.112。当穆迪公司降低欧元区某国的主权评级时，会导致欧元区其他非事件发生国家平均人均GDP增长率降低0.112%。这说明，欧元区一国的主权降级会给欧元区其他国家经济增长率带来负向效应。这里的原因在于，当国际评级机构对欧元区某国进行主权降级后，会造成本国金融市场的波动。而欧元区国家的金融市场具有较强的一体性，因此，本国金融市场的波动会传染到欧元区其他国家，造成其他国家在金融市场上的融资成本提升，同时资本从其他国家流出。因此，一个国家的主权降级会带来其他国家经济增长率的下跌。这证明“假设3.1”成立。

表3.6　　主权降级对其他国家经济增长的影响

变量	被解释变量：Avegdpcapr		
	(1)	(2)	(3)
Eventdown	-0.112*** (-3.28)	-1.686*** (-13.41)	-0.214*** (-5.22)
Downgrade	-0.838*** (-21.62)	-0.839*** (-21.62)	-0.877*** (-21.04)
Eventdown · Crisis1		1.654*** (12.89)	
Crisis1		-0.139 (-1.34)	
Eventdown · Crisis2			0.201** (2.42)
Crisis2			-1.637*** (-8.29)
Eventlevel	-0.0343*** (-3.57)	-0.0433*** (-4.52)	-0.0280*** (-2.67)

续表

变量	被解释变量：Avegdpcapr		
	(1)	(2)	(3)
Level	0.0365** (2.04)	0.0601*** (3.33)	-0.0862*** (-6.05)
Trade	-0.160*** (-16.39)	-0.152*** (-14.98)	-0.0276*** (-5.87)
Fiscal	0.108*** (8.79)	0.0969*** (8.00)	0.187*** (17.32)
Cons	-0.680*** (-24.31)	-0.630*** (-21.73)	-0.356*** (-22.05)
Populr	-2.027*** (-21.96)	-2.016*** (-21.96)	-1.390*** (-26.06)
Country	YES	YES	NO
constant	19.81*** (27.02)	18.56*** (27.02)	12.52*** (33.62)
Obs	6174	6174	6174
R-sq	0.476	0.490	0.363

注：括号中的值为t值，**、*** 分别代表在5%、1%水平上显著。

另一方面，本章考察主权升级是否会影响其他国家经济增长率，结果如表3.7所示。在列（1）中，主权升级事件发生国家的主权升级水平Eventup的系数不显著。这意味着，当穆迪公司提升欧元区某国的主权评级时，并不会传染欧元区其他的非事件发生国家，这意味着主权升级不具有类似于主权降级的传染效应。

表3.7　　　　主权升级对其他国家经济增长的影响

变量	被解释变量：Avegdpcapr		
	(1)	(2)	(3)
Eventup	0.0462 (0.64)	0.0277 (0.37)	0.487*** (5.18)
Upgrade	0.681*** (8.58)	0.684*** (8.63)	1.052*** (6.57)
Crisis1		-0.353*** (-3.48)	

续表

变量	被解释变量：Avegdpcapr		
	(1)	(2)	(3)
Eventup · Crisis1		-0.0788 (-0.29)	
Crisis2			-0.448 (-1.16)
Eventup · Crisis2			0.421 (0.80)
Eventlevel	-0.0208** (-2.30)	-0.0287*** (-3.05)	-0.0268* (-1.72)
Level	0.201*** (12.07)	0.185*** (10.72)	0.184*** (5.30)
Trade	-0.148*** (-14.82)	-0.137*** (-13.02)	-0.137*** (-6.93)
Fiscal	0.160*** (12.90)	0.160*** (12.86)	0.160*** (6.03)
Cons	-0.726*** (-25.32)	-0.695*** (-23.14)	-0.779*** (-12.25)
Populr	-1.993*** (-20.77)	-1.997*** (-20.82)	-2.095*** (-11.22)
Country	YES	YES	YES
constant	16.31*** (21.89)	16.04*** (21.41)	17.15*** (10.36)
Obs	6174	6174	1549
R-sq	0.439	0.440	0.510

注：括号中的值为t值，*、**、***分别代表在10%、5%、1%水平上显著。

3.3.4 债务危机时期主权信用评级对于其他国家经济增长的影响

本部分采用模型（3.4）从主权降级和主权升级两个方面分别探讨探讨主权评级改变对其他国家经济增长的影响在债务危机时期是否具有异质性。

一方面，本章考察主权降级对其他国家经济增长的影响在债务危机时期是否不同于非债务危机时期，结果如表 3.6 所示。其中两个危机指数 Crisis1 和 Crisis2 是根据实际发生危机情况主观设计出来的债务危机变量。列（2）中，主权降级事件发生国家的主权降级水平与债务危机指标的交叉项 Eventdown · Crisis1 的系数显著为正。主权降级在债务危机时期的传染效应要弱于非债务危机时期。列（3）中，事件国家的主权降级水平与债务危机指标的交叉项 Eventdown · Crisis2 系数显著为正。这里的原因主要在于，国际评级机构具有的利益冲突、评级高估等内生性缺陷，在危机前并未及时给予投资者以提醒，使投资者对于国际评级机构的信任度降低，评级质量下跌成为共识。这就导致投资者在债务危机期间对于评级机构给出的评级认可度不高，进而造成主权评级对于其他国家经济增长率的影响力下降。这证实“假设 3.2”成立。

另一方面，本章探讨主权升级对其他国家经济增长的影响在债务危机时期的表现，结果如表 3.7 所示。在列（2）和列（3）中，主权升级事件发生国家的主权升级水平与债务危机指标交叉项 Eventup · Crisis1、Eventup · Crisis2 的系数不显著。这意味着，事件国主权升级传染效应在债务危机时期和非债务危机时期并无异质性。

3.4 主权信用评级对于国家经济增长的异质性影响

本部分首先采用模型（3.5）考察对于不同类型的国家和不同的评级改变类型，主权评级改变对于本国经济增长率的影响是否存在不同；其次对本章实证结果进行相关的稳健性检验。

3.4.1 主权降级

本部分采用模型（3.5）研究主权降级对于本国经济增长率的影响是否与主权评级改变类型和国家类型有关，从五个方面进行衡量：贸易赤字率（Trade）、经济规模（GDP）、评级改变类型（Ifreal）、欧元区成员国与否（Ouyuan）、评级改变前的主权评级水平（Rating）有关，结果如表 3.8 所示。

表 3.8 主权降级对于本国经济增长的异质性影响

变量	被解释变量：Avegdpcapr				
	(1)	(2)	(3)	(4)	(5)
Downgrade	-0.631*** (-5.07)	-4.884** (-2.19)	-0.780*** (-6.25)	-4.167*** (-8.80)	-1.189*** (-7.88)
Downgrade · Trade	0.0748*** (4.99)				
GDP		-2.954*** (-8.36)			
Downgrade · GDP		0.164* (1.90)			
Ifreal			0.180 (0.33)		
Downgrade · Ifreal			-0.807** (-2.06)		
Ouyuan				-0.0266 (-0.07)	
Downgrade · Ouyuan				3.527*** (7.25)	
Rating					-0.272 (-0.70)
Downgrade · Rating					0.762*** (3.88)
Trade	-0.103*** (-3.17)	-0.0856** (-2.23)	-0.0814** (-2.41)	-0.0855*** (-2.75)	-0.0863*** (-2.62)
Fiscal	0.246*** (4.98)	0.126*** (2.60)	0.110** (2.58)	0.0891** (2.19)	0.145*** (3.32)
Cons	-0.177* (-1.78)	-0.464*** (-4.10)	-0.263*** (-2.60)	-0.320*** (-3.33)	-0.243** (-2.43)
Popular	-1.508*** (-5.51)	-1.431*** (-4.06)	-1.465*** (-5.15)	-1.397*** (-5.29)	-1.474*** (-5.29)
Country	YES	YES	YES	YES	YES
Year	YES	NO	YES	YES	YES

续表

变量	被解释变量：Avegdpcapr				
	(1)	(2)	(3)	(4)	(5)
constant	10.57 *** (5.03)	95.26 *** (9.72)	11.26 *** (5.18)	12.14 *** (5.98)	10.13 *** (4.23)
Obs	343	343	343	343	343
R-sq	0.763	0.574	0.748	0.782	0.756

注：括号中的值为 t 值，*、**、*** 分别代表在 10%、5%、1% 水平上显著。

列（1）中，主权降级与贸易赤字率的交叉项系数 Downgrade · Trade 显著为正。由于 Trade 越大，代表着贸易盈余越大，即贸易赤字率越小。因此，列（1）的实证结果意味着，对于高贸易赤字率的国家来说，主权降级对本国人均 GDP 增长率的负向影响更大。

列（2）探讨了对于不同经济规模的国家来说主权降级对于本国经济增长率影响的异质性。实证结果显示，主权降级与经济规模的交叉项 Downgrade · GDP 系数显著为正。这说明，对于经济规模更大的国家来说，主权降级对于本国经济增长率的负向影响越小。

列（5）考察了对于不同主权评级水平的国家来说主权降级对于本国经济增长率的异质性影响。结果显示，主权降级与评级改变前的主权评级水平 Downgrade · Rating 的系数显著为正，当被降级国家在降级前的主权评级水平低于 A1 级时，主权降级对于本国经济增长的负向影响力更强。

表 3.8 的列（1）、列（2）和列（5）显示，对于贸易赤字率较高、经济规模较小和主权评级水平低于 A1 级别的国家来说，主权降级对于本国经济增长的影响力更强。这里的主要原因在于，拥有这三种特征的国家经济形势更差，国家在金融市场上的融资成本更高，这类国家更加需要主权信用评级来获取从国际资本市场上借贷的可能性和提升融资能力。因此，这类国家对于主权信用评级的依赖性更强，主权降级对于该类国家的影响力更强。但是对于贸易赤字率更小、经济规模更大、主权评级水平高的国家来说，较好的经济形势使此类国家接触到国际资本市场的能力较强，并不依赖于主权评级来获取国际金融市场融资的可能性和更低的融资成本。因此，对于此类国家来说，主权降级的影响力更弱。这证实“假设 4”成立。

列（3）考察了不同类型评级改变对于本国经济增长率的异质性影响。结果显示，主权降级与评级改变类型的交叉项 Downgrade · Ifreal 系数显著为负，相比于观察名单或者是展望改变而言，全部为实际评级改变的降级会对本国经济增长率产生更强的影响。这是因为，评级机构将一国列入评级观察名单或者是展望的影响力要小于改变一国实际评级水平的影响力。

表3.8的列（4）从是否为欧元区成员国的角度探讨主权降级对于本国经济增长率的异质性影响。实证结果表明，主权降级水平与是否为欧元区成员国的交叉项 Downgrade · Ouyuan 系数显著为正。相比未加入欧元区前，在国家加入欧元区后，主权降级水平对于经济增长率的负向效应变弱。

3.4.2　主权升级

本部分采用模型（3.5）研究主权升级对于本国经济增长率的影响是否与评级改变次数有关，结果如表3.9所示。

表3.9　　主权升级对于本国经济增长的异质性影响

变量	被解释变量：Avegdpcapr	被解释变量：Avegdpr
	(1)	(2)
Upgrade	0.765** (2.42)	0.789** (2.52)
Many	-2.379*** (-5.08)	-2.467*** (-5.32)
Upgrade · Many	1.761*** (2.65)	1.916*** (2.91)
Trade	-0.0871** (-2.52)	-0.106*** (-3.09)
Fiscal	0.144*** (3.32)	0.165*** (3.85)
Cons	-0.207** (-1.98)	-0.202* (-1.95)
Populr	-1.320*** (-4.54)	-0.555* (-1.93)
Country	YES	YES
Year	YES	YES
constant	10.46*** (4.69)	11.27*** (5.10)
Obs	343	343
R-sq	0.736	0.725

注：括号中的值为t值，*、**、***分别代表在10%、5%、1%水平上显著。

从表3.9可以看出，如果一国在一年内的评级改变次数为2次或以上，Many设置为1，否则设置为0。主权升级与评级改变次数的交叉项系数Upgrade · Many显著为正。这意味着对于升级次数更多的国家来说，主权升级对人均GDP增长率的正向影响更大。一国在一年内被评级机构多次调整评级水平，意味着该国的主权债务风险变动较大，一国在一年内仅被评级机构调整一次评级，意味着该国的主权债务风险变动较小。发生多次评级改变的国家主权债务风险变动要高于仅发生一次评级改变的国家主权债务风险变动。因此，多次评级改变对于经济增长的影响力要大于一次评级改变的影响力。这证实“假设4”成立。

3.4.3 稳健性检验

3.4.3.1 采用替代性的经济增长率衡量指标

在前面，本章采用了当年及未来一年的平均人均GDP增长率作为被解释变量，但是实证结果可能会因为经济增长率衡量指标选择的不同而产生差异性。因此，本章采用新的经济增长指标，即当年及未来一年的GDP增长率平均值Avegdpr进行稳健性检验。

首先，本章使用平均GDP增长率Avegdpr对模型（3.1）进行回归，结果如表3.10所示。列（1）和列（2）中，Downgrade的系数显著为负，Upgrade的系数显著为正。国际信用评级机构针对某国的主权降级会通过提升国际资本市场融资成本和带来资本流出两种渠道导致国家经济增长率的下降。而主权升级则会降低国家在国际金融市场上的融资成本，同时带来资本流入该国，进而导致国家经济增长率的提升。“假设1”仍旧成立。

表3.10　　主权降级对本国经济增长的影响

变量	被解释变量：Avegdpr				
	(1)	(2)	(3)	(4)	(5)
Downgrade	-0.854*** (7.03)		-1.902*** (6.28)	-0.762*** (3.14)	-1.098*** (6.12)
Upgrade		0.906*** (3.30)			
Debt3			0.199 (0.63)		

续表

变量	被解释变量：Avegdpr				
	(1)	(2)	(3)	(4)	(5)
Downgrade · Debt3			1.176 *** (-3.76)		
Crisis600				-6.344 *** (-7.33)	
Downgrade · Crisis600				0.703 ** (-2.27)	
Crisis2					-1.720 ** (-2.44)
Downgrade · Crisis2					0.557 ** (-2.35)
Trade	-0.109 *** (-3.27)	-0.0899 ** (-2.54)	-0.0985 *** (-3.01)	-0.172 *** (-3.63)	-0.107 *** (-3.24)
Fiscal	0.132 *** (3.09)	0.226 *** (5.26)	0.148 *** (3.42)	0.000372 (0.01)	0.125 *** (2.93)
Cons	-0.256 ** (-2.53)	-0.242 ** (-2.25)	-0.267 *** (-2.70)	-1.003 *** (-7.42)	-0.246 ** (-2.45)
Populr	-0.694 ** (-2.46)	-0.374 (-1.25)	-0.548 * (-1.95)	-1.592 *** (-4.20)	-0.860 *** (-2.96)
Country	YES	YES	YES	YES	YES
Year	YES	YES	YES	NO	YES
constant	12.27 *** (5.68)	11.36 *** (4.94)	11.93 *** (5.64)	26.88 *** (9.23)	12.24 *** (5.72)
Obs	343	343	343	270	343
R-sq	0.732	0.699	0.746	0.592	0.739

注：括号中的值为 t 值，*、**、*** 分别代表在 10%、5%、1% 水平上显著。

其次，本章使用 GDP 增长率 Avegdpr 对模型（3.2）进行回归，采用债务水平和财政赤字水平来设计债务危机变量 Debt3，考察债务危机时期主权降级对于经济增长率的异质性影响，结果如表 3.10 的列（3）所示，Downgrade · Debt3 的系数显著为正。同时，本章使用 GDP 增长率 Avegdpr 对模型（3.2）进行回归，采用主权债券利差和实际债务危机发生情况来设计债务危机变量 Crsisi600、Crisis2，考察债务危机时期主权降级对于国家经济增长率的异质性影响，实证结果如表 3.10 的列（4）~列（5）所示。Downgrade · Crisis600、Downgrade · Crisis2 的系数显著为正。在债务危机时期，由于国际信用评级机构存在的评级高估和利益冲突等内生性缺陷，评级机构给出的主权信用评级信息含量下降，投资者对于评级机构给出的评级认可度降低，使主权信用评级对于国家经济增长的影响更小。“假设2”仍旧成立。

本章使用GDP增长率Avegdpr对模型（3.2）进行回归，采用主权债券利差和实际债务危机发生情况来设计债务危机变量Crisis400、Crisis500、Crsisi600、Crisis1、Crisis2，考察债务危机时期主权升级对于经济增长率的异质性影响，所有交叉项的系数均不显著。

再其次，本章采用GDP增长率对模型（3.3）进行回归，考察主权降级对于其他国家经济增长率的影响，结果如表3.11的列（1）所示。Eventdown的系数显著为负，“假设3.1”成立。同时采用GDP增长率Avegdpr重新对模型（3.4）进行回归，探讨在债务危机时期主权降级对于其他国家经济增长率影响是否具有异质性，得到的回归结果如表3.11的列（2）~列（3）所示，交叉项Eventdown · Crisis1、Eventdown · Crisis2的系数显著为正，“假设3.2”成立。

表3.11　　主权降级对其他国家经济增长的影响

变量	被解释变量：Avegdpr		
	(1)	(2)	(3)
Eventdown	-0.103*** (-3.01)	-1.666*** (-13.34)	-0.202*** (-4.92)
Downgrade	-0.820*** (-21.31)	-0.828*** (-21.48)	-0.868*** (-20.82)
Eventdown · Crisis1		1.634*** (12.82)	
Crisis1		-0.0392 (-0.38)	
Eventdown · Crisis2			0.185** (2.22)
Crisis2			-1.491*** (-7.55)
Eventlevel	-0.0350*** (-3.66)	-0.0429*** (-4.52)	-0.0273*** (-2.60)
Level	0.0677*** (3.80)	0.0940*** (5.25)	-0.0656*** (-4.60)
Trade	-0.171*** (-17.62)	-0.166*** (-16.47)	-0.0297*** (-6.31)
Fiscal	0.125*** (10.25)	0.114*** (9.47)	0.194*** (17.97)

续表

变量	被解释变量：Avegdpr		
	(1)	(2)	(3)
Cons	-0.659*** (-23.72)	-0.617*** (-21.43)	-0.364*** (-22.49)
Populr	-1.304*** (-14.23)	-1.292*** (-14.28)	-0.450*** (-8.42)
Country	YES	YES	NO
constant	19.58*** (26.89)	18.45*** (25.13)	12.32*** (33.06)
Obs	6174	6174	6174
R-sq	0.452	0.467	0.323

注：括号中的值为t值，**、***分别代表在5%、1%水平上显著。

本章用GDP增长率Avegdpr对模型（3.3）进行回归，考察债务危机时期主权升级对于其他国家经济增长率的影响，Eventup的系数不显著。同时用GDP增长率Avegdpr对模型（3.4）进行回归，考察债务危机时期主权升级对于其他国家经济增长率的影响，事件国家主权升级与危机指数的交叉项系数不显著。

最后，本章使用GDP增长率对模型（3.5）进行回归，考察主权降级对于本国经济增长率的异质性影响，结果如表3.12的列（1）~列（5），Downgrade · Trade、Downgrade · GDP、Downgrade · Ifreal、Downgrade · Rating、Downgrade · Ouyuan的系数显著，“假设4”成立。

表3.12 主权降级对于本国经济增长的异质性影响

变量	被解释变量：Avegdpr				
	(1)	(2)	(3)	(4)	(5)
Downgrade	-0.647*** (5.25)	-5.004** (2.24)	-0.801*** (6.46)	-1.229*** (8.25)	-4.200*** (8.96)
Downgrade · Trade	0.0766*** (-5.17)				
GDP		-2.841*** (-8.04)			
Downgrade · GDP		0.168* (-1.95)			
Ifreal			0.281 (0.52)		

续表

变量	被解释变量：Avegdpr				
	(1)	(2)	(3)	(4)	(5)
Downgrade · Ifreal			−0.812** (2.08)		
Rating				−0.153 (−0.40)	
Downgrade · Rating				0.800*** (−4.12)	
Ouyuan					0.0283 (0.07)
Downgrade · Ouyuan					3.537*** (−7.34)
Trade	−0.121*** (−3.78)	−0.103*** (−2.69)	−0.0995*** (−2.96)	−0.104*** (−3.19)	−0.104*** (−3.37)
Fiscal	0.271*** (5.54)	0.145*** (2.98)	0.133*** (3.12)	0.166*** (3.84)	0.109*** (2.71)
Cons	−0.172* (−1.75)	−0.455*** (−4.01)	−0.260** (−2.58)	−0.236** (−2.39)	−0.320*** (−3.37)
Populr	−0.748*** (−2.76)	−0.676* (−1.92)	−0.697** (−2.47)	−0.720*** (−2.61)	−0.639** (−2.44)
Country	YES	YES	YES	YES	YES
Year	YES	NO	YES	YES	YES
constant	11.39*** (5.47)	91.94*** (9.38)	12.08*** (5.60)	10.84*** (4.58)	13.02*** (6.48)
Obs	343	343	343	343	343
R-sq	0.754	0.548	0.736	0.747	0.773

注：括号中的值为 t 值，*、**、*** 分别代表在 10%、5%、1% 水平上显著。

本章用 GDP 增长率重新对模型（3.5）进行回归，考察主权升级对于本国经济增长率的异质性影响，结果如表 3.9 的第（2）列所示，Upgrade · Many 的系数显著，结论与表 3.9 的第（1）列一致。

总之，本章在使用替代性的经济增长率衡量指标，即当年及未来一年的平均 GDP 增长率 Avegdpr 对模型（3.1）~模型（3.5）进行回归后，主要的结果未发生改变，这说明本章的结论具有较强的稳健性。

3.4.3.2 内生性问题解决办法

根据康托和帕克（Cantor and Packer，1996）的研究，人均 GDP、GDP 增长率是主权信用评级的重要决定决定因素。因此，本章存在内生性问题，主权信用评级对于经济增长率的负向关系可能是由于经济增长率对于主权评级的影响所决定的。为了控制内生性问题和避免其带来的样本选择偏差，本章采用工具变量两阶段最小二乘法，对本章进行稳健性检验，结果如表3.13所示。

表3.13　主权评级改变对于本国经济增长的影响（二阶段最小二乘法）

变量	被解释变量：Avegdpcapr	
	(1)	(2)
	2SLS	2SLS
Downgrade	-0.832** (-2.08)	
Upgrade		9.419*** (3.20)
Trade	-0.109 (-0.45)	-0.117 (-0.34)
Fiscal	0.0521 (0.21)	0.220 (0.93)
Cons	-0.560** (-2.57)	-0.00960 (-0.01)
Populr	-1.620* (-1.85)	-1.579 (-0.37)
Country	YES	YES
Year	YES	YES
Obs	209	209

注：括号中的值为t值，*、**、***分别代表在10%、5%、1%水平上显著。

在表3.13中，本章选用的工具变量为各国的违约历史（Default），如果各国在1940年后发生过债务违约，Default设定为1，否则为0。各国债务违约历史数据来源于莱茵哈特和罗格夫（Reinhart and Rogoff，2011）的主权外债债务危机指数。由于莱茵哈特和罗格夫（Reinhart and Rogoff，2011）仅针对部分国家具有债务危机指数，因此，本章对欧元区11个国家的数据进行二阶段最小二乘回归，这11个国家分别为奥地利、比利时、芬兰、法国、德国、希腊、爱尔兰、意大利、荷兰、葡萄牙和西班牙。本章使用此工具变量分别对主权降级水平Downgrade和主权升级水平Upgrade进行二阶段最小二乘回归。

表3.13的列（1）和列（2）中，主权降级水平Downgrade的系数显著为负，主权升级水平Upgrade的系数显著为正。不论是主权信用升级还是主权

信用降级对于经济增长的影响都是由于主权信用评级改变本身确实会作用于国家经济增长，而不是由于内生性因素所导致的。

3.5 本章小结

在国际信用评级业中，标准普尔、穆迪和惠润三大评级机构针对国家主权债务风险所给出的主权信用评级能够向投资者传递关于国家信用风险的信息，具有引导资源在国家间配置的功能，对于各国经济发展具有重大影响力。主权信用评级通过两种渠道影响国家经济增长。一方面，从融资成本渠道上看，主权信用评级对于主权债券收益率差价、CDS 差价、股票市场等均具有较强的影响，能够影响各国在国际金融市场上的融资成本；另一方面，从资本流动渠道上看，主权信用评级代表着国家的主权债务风险，高风险会引发资本流出该国，低风险会吸引资本流入该国。因此，从融资成本和资本流动两种渠道上来看，主权信用评级会影响国家的经济增长。但是在债务危机时期和非债务危机时期，主权信用评级对于经济增长的影响力存在一定的不同。进一步地，一国的主权评级改变可能会通过溢出到其他国家的债券市场和股票市场进而影响其他国家的经济增长，而且这种效应在债务危机时期可能存在异质性。

本章采用欧元区 19 个国家 1995 ~ 2014 年的数据研究主权评级改变对于本国及其他国家经济增长的影响，并且探讨在债务危机时期这种影响力是否存在异质性。结论主要有四点：第一，主权升级会带来本国经济增长率的提升，主权降级会导致本国经济增长率的下降。第二，在债务危机时期，主权降级对于本国经济增长率的影响力更小。第三，一国的主权降级能够影响欧元区其他国家，造成其他国家经济增长率的下降。在债务危机时期，一国主权降级对于欧元区其他国家经济增长的效应更弱。一国的主权升级不会影响欧元区其他国家的经济增长。第四，对于高贸易赤字率、经济规模更小、实际评级改变、加入欧元区前和主权评级水平低于 A1 级的国家来说，主权降级对于本国经济增长的影响力更强。对于评级改变次数更多的国家而言，主权升级对于本国经济增长的影响力更强。

本章的实证结论说明了国际信用评级业给出的主权评级具有传递国家信用风险信息和引导资源在国际间配置的功能。国际三大评级机构给出的主权评级在国际市场上的重大影响力，能够通过多种渠道影响欧元区本国和其他国家的经济增长率。因此，提升主权信用评级的准确性变得尤为重要。

为了提高国际信用评级业的评级质量，本章有以下建议：第一，改善国际评级业的市场结构。一直以来，国际评级业是以标准普尔、穆迪和惠润为主的垄断式市场结构，这给予了三大机构较强的垄断影响力，即使提供的评级不准确，发行人也会为了满足监管需求而购买信用评级，这导致了声誉机制的无效性。因此，监管机构应该引入更多的信用评级机构来打破三大机构的垄断格局。第二，引入更多的投资者付费模式评级机构。国际评级机构利益冲突很大程度上来源于发行人付费模式。因此，政府应该鼓励更多的投资者付费模式评级机构成立，同时准许这些机构进入评级市场，从而带来更高的评级质量。第三，相关监管部门应该加强对于国际评级机构的监管和出台相应的法律，对于提供不准确评级的评级机构给予惩罚措施，从而约束评级机构的行为。

同时，本章的研究对于中国信用评级业具有一定的启示。近年来，国际信用评级业将资金注入中国信用评级公司进而控制中国信用评级业，国际评级机构对中国本土大量安全敏感行业进行评级。因此，健全本土评级机构，增加中国信用评级业的公信力，提高中国信用评级业在国际上的话语权，是保障中国金融安全所必需的内容。

本章探讨了信用评级业给出的主权信用评级在各国经济增长中所发挥的功能，说明主权信用评级具有传递国际信用风险信息和引导资源在国家间配置的功能。下一章将研究对象从针对国家的主权信用评级转向针对公司的主体信用评级，探讨中国本土信用评级业给出的主体信用评级在公司财务安排中所发挥的功能，研究主体信用评级是否具有降低企业债务融资约束的功能。

第 4 章　主体信用评级与企业并购支付方式

上一章本书探讨了信用评级业给出的主权信用评级所具有的功能，即主权信用评级能够传递关于国家信用风险的信息，具有引导资源在国家间配置的功能，从而对于欧元区国家经济增长具有重大影响力。但是，信用评级业所给出的信用评级不仅可以影响国家经济增长，更能够影响公司微观主体的行为。本章将研究视角从国际评级业转向中国信用评级业，将信用评级业功能的研究从宏观经济转向微观主体，讨论主体信用评级是否具有缓解企业债务融资约束的功能。

在外部环境相对宽松的背景下，中国经济保持了持续的快速增长，外延式与粗放式增长是多数企业成长的特征。在经济处于下行期后，市场对企业的约束增强，也促成了企业通过并购整合资源进行结构调整的契机。并购是企业重大的战略决策，有利于市场提升资源配置效率。通过并购活动，企业可以扩大自身规模。在并购方进行并购的过程中，需要权衡相应的成本收益。另外，融资能力是决定企业选择何种方式来支付并购资金的重要因素。在国外的并购活动中，并购方采用多种类型的支付方式。但是，现有的中国并购支付方式以现金方式为主导。在中国特殊的背景下，如何提升并购方的融资能力，对于增强并购活动的效率具有较强的意义。本章在中国背景下研究主体评级如何影响并购方支付方式的选择，进而揭示主体评级缓解企业债务融资约束的功能。本章探讨的具体问题包括：具有主体评级和高主体评级的并购方是否会在并购中更多地采用现金进行支付和使用更高的现金支付比例？当并购方和目标方间的信息不对称程度不同时，主体评级对并购支付方式选择的影响是否存在异质性？

4.1 理论分析与研究假设

主体信用评级衡量的是企业偿还债务的能力，对于企业的债务融资活动具有重大意义。具有主体信用评级的企业在债券市场上发行债券，可以经由主体评级向市场投资者传达信用质量的信息，从而降低企业与市场投资者间的信息不对称程度。因此，存在主体评级的企业从债券市场上进行融资更加容易。刘和马拉泰斯塔（Liu and Malatesta，2006）、弗兰克和戈亚尔（Frank and Goyal，2009）发现，信用评级水平越高，公司所面临的信息不对称和逆向选择越小。何平和金梦（2010）指出，中国债券和主体信用评级能够向债券市场传递新的信息，从而降低投资者与被评级公司之间的信息不对称。

此外，部分研究考察了主体信用评级对企业债务融资约束的影响，指出企业是否存在主体评级及主体评级水平决定了企业在债券市场的融资能力高低（Denis and Mihov，2003；Lemmon and Zender，2010；Faulkender and Petersen，2006）。相比于不存在主体评级的企业，存在主体评级企业债券发行量更大，主体评级使企业具有更强的融资能力。福肯德和彼得森（Faulkender and Petersen，2006）的研究发现，相比于不存在主体评级的企业，存在评级的企业所发行债务高出35%。丹尼斯和米霍夫（Denis and Mihov，2003）指出，高评级企业借贷的方式更加多样化。相比于低评级和中评级的企业来说，这类公司更能够从公开市场借到资金。

根据前面的分析可知，主体评级可以很大程度上提升企业的债务融资能力。但是在并购活动中，决定并购方支付方式选择的一个关键因素是企业的债务融资约束。并购方在并购过程中所支付资金的重要来源是企业的债务融资活动（Uysal，2011）。当面临着较大融资约束的时候，在短期内，并购方无法及时获得足够资金，因此，并购方选择现金进行支付的可能性更低。葛伟杰等（2014）发现，面临着融资约束的企业在并购时更多地使用股票支付。法乔和马苏利斯（Faccio and Masulis，2005）指出，当并购方确定选择何种支付方式时，决定其选择的主要因素是债务融资约束以及企业面临着的控制权稀释两者的权衡。当企业自身的债务融资约束较为严重的情况下，为了使并购顺利进行，并购方会使用股票方式来支付并购交易价格，这会导致部分控制权被转让出去。李双燕和汪晓宇（2012）借鉴法乔和马苏利斯

（Faccio and Masulis，2005）的方法发现，并购方对于现金方式的偏好会由于其面对着的债务融资约束而下降。哈福德等（Harford et al.，2009）利用实际债务比率相比于目标比率的偏差，对并购方的债务融资能力进行衡量。实证结果显示，当实际债务比率高于目标比率的时候，并购方更倾向于采用股票方式进行支付。

总之，主体信用评级可以提升并购方的债务融资能力，而融资能力更大的并购方又有足够的能力采用现金进行支付。因此，从评级机构获取了主体评级的企业资金较多，能够在使用更高比重的现金来支付并购价款。根据以上分析，本章提出第一个假设。

假设1：在支付并购交易价格时，存在主体评级的并购方会采用更高的现金进行支付，更有可能采用现金进行支付。

当并购方存在主体评级时，主体评级级别不同意味着并购方的债务融资能力存在差异性。主体评级级别通过两种渠道来影响公司的融资能力。第一，并购方不同的主体评级级别会使企业在债券市场上发行债券的融资成本存在不同。基斯根和斯特拉恩（Kisgen and Strahan，2010）指出，如果企业的信用评级级别更高，那么公司在债券市场上的发行成本也更低。何平和金梦（2010）、王雄元和张春强（2013）、朱松（2013）也发现，主体评级与发行成本负相关。第二，当企业具有的主体评级级别不同时，它们所面对的投资者需求是存在较大差异的。帕特诺伊（Partnoy，2006）指出，相关法律规定机构投资者不能够投资于投机性级别以下的债券，同时投资者也不允许机构投资者将资金投资于风险较大的低评级债券。这两个方面的原因导致了低主体评级的债券通常面对着较少的投资者，而与之相反，高主体评级的债券会吸引更多的投资者。

从这两个方面可以看出，高主体评级级别的企业具有更低的融资成本和更多的投资者。因此，高主体评级级别的并购方债务融资能力更强。根据前面分析可知，融资能力更强的并购方更可能使用现金来支付并购总价款，所以获得高主体评级的并购企业更愿意采用现金来支付并购价格。基于此，本章提出第二个假设。

假设2：并购方的主体评级水平越高，在支付并购交易价格时会采用更高比例的现金，更加愿意采用现金方式进行支付。

在并购方选择何种方式支付并购价格时所考虑的重要因素之一是并购方与目标方间的信息不对称程度。切曼努尔等（Chemmanur et al.，2009）指出，如果并购方在对目标收购方进行评估时对其基本情况了解程度越弱，意味着并购方与目标收购公司之间的信息不对称程度更强，此时，并购方面临着的交易风险更高。为了降低相应的交易风险，并购方会选择采用股票方式进行支付。在这样的情况下，并购方和被收购方可以一起承担交易风险。从信息不对称的角度出发，汉森（Hansen，1987）、苏文兵等（2009）探讨并购的支付方式选择，如果并购交易总价相比于并购方规模来说更大，并购相对交易规模更高，意味着并购方和被收购方间的信息不对称更大，会使公司更愿意采用股票来支付并购价款。另外，如果并购交易总价格相对于并购方自身规模来说更大，并购方的现金支付能力可能更加无法负担高昂的交易价格。这会使并购方在支付总价中采用现金的比率下降，可能更加愿意使用股票进行支付。

虽然存在主体评级的并购方债务融资能力较强，但是如果并购的交易总价格相比并购方自身经济规模来说较大，并购方也会由于信息不对称较强和本身现金支付能力受到限制而降低现金支付的比例。因此，尽管主体评级可以提升并购方采用现金支付并购价格的能力，但是对于信息不对称程度更加严重的并购活动来说，这种提升作用会减弱。基于此，本章提出第三个假设。

假设 3：并购方与被收购方间的信息不对称程度越大，主体评级对于并购方选择支付方式的影响力越小。

4.2　研究设计

4.2.1　样本选择与数据来源

本章采用 2004～2013 年这 10 年的全部并购事件作为原始样本，并且根据九个步骤进行筛选数据：（1）仅将并购方数据进行保留；（2）剔除资产剥离等并购类型，保留资产收购类型的并购、吸收合并类型的并购和股份转让类型的并购；（3）剔除未成功进行的并购事件；（4）剔除资产支付等支付方式相关数据，保留全部采用现金进行支付的方式、全部采用股票进行支付的方式、使用股票方式和现金方式两者结合进行支付的数据；（5）如果并购交易价格小于5000万元，将这类的并购事件进行剔除；（6）剔除并购方所属行业为金融业的数据；（7）如果公司在一年内多次并购，仅保留并购价格金额最大的一次；（8）如果并购方遭遇到了ST和PT，将这类的企业进行剔除；（9）如果并购方为上海证券交易所和深证证券交易所的A股上市公司，将这类并购方进行保留。通过以上九个步骤的筛选，本章共得到2501个并购样本。

数据来源于国泰安CSMAR数据库和CCER经济金融研究数据库，主体信用评级的数据来源于Wind数据库。

4.2.2 模型设定

4.2.2.1 Tobit模型

本章采用Tobit模型对样本进行回归（Karampatsas et al.，2014）。被解释变量为并购交易总价中现金支付所占据的比重。该比率的取值范围为0～1。本章采用的双边Tobit模型，即：

$$y_i^* = x_i' \beta + u_i \tag{4.1}$$

其中，u_i 是该方程的残差项，它服从的分布形式为正态分布，$u_i \sim (0, \sigma^2)$。模型分别从左右两边对被解释变量进行截取，即：

$$y_i = \begin{cases} 0 & \text{if} \quad y_i^* \leqslant 0 \\ y_i^* & \text{if} \quad 0 < y_i^* < 1 \\ 1 & \text{if} \quad 1 \leqslant y_i^* \end{cases} \tag{4.2}$$

本章借鉴卡兰帕萨斯等（Karampatsas et al.，2014），采用最大似然估计法对系数 β 进行估计，将0设定为左截取点，将1设置为右截取点。

4.2.2.2 Probit、Logit和Ordered Probit模型

本章对并购支付方式类型进行划分，设定并购支付方式两种类型的代理变量：Paymethod1和Paymethod2。

本章根据卡兰帕萨斯等（Karampatsas et al.，2014）的分类方法设置被解释变量Paymethod1。如果并购方在支付并购交易价格时全部采用股票，Paymethod1定义为0。如果并购方全部使用现金支付并购交易总价，或者是

利用现金加股票两种方式支付价格，Paymethod 定义为 1。本章对于 Paymethod1 采用 Probit 模型和 Logit 模型进行回归。

本章根据法乔和马苏利斯（Faccio and Masulis，2005）的分类方法设置被解释变量 Paymethod2。如果并购方全部使用股票对并购总价进行支付，Paymethod2 定义为 0。如果并购方既采用股票又采用现金进行支付，Paymethod2 定义为 1。如果并购方全部采用现金对并购交易价格进行支付，Paymethod2 定义为 2。本章采用 Ordered Probit 模型对于 Paymethod2 进行回归。

第一，为了验证"假设 1"和"假设 2"的成立，本章借鉴卡兰帕萨斯等（Karampatsas et al.，2014）设立模型（4.3）来探讨主体评级如何影响并购方支付并购价款的方式，即：

$$Dep = \beta_0 + \beta_1 Creditrating + Controlvariables + \sum Industy + \varepsilon \quad (4.3)$$

模型（4.3）的被解释变量为并购支付方式，从三个方面进行衡量：Percash、Paymethod1、Paymethod2。主要解释变量是并购方主体评级，从两个方面进行衡量：并购方是否从评级机构获取了主体评级（Ifrating）、并购方所具有的主体评级级别（Rating）。

此外，在模型中加入了以下控制变量：（1）并购方的控制权稀释威胁：第一大股东持股比例（Control），在并购活动过程中，在并购方持有股权的管理层会不愿意采用股票发行的方式来支付并购价款，因为这样会稀释其持有的股权，使管理层在公司的控制权降低。因此，第一大股东持有的股权份额越大，其拥有的股权越有可能被稀释，更愿意在并购活动中支付现金；并购方实际控制人性质（State），如果并购方实际上是由国有企业进行控制，那么并购方具有政府背景，债务融资能力更强，更愿意支付现金。（2）并购方财务指标：并购方规模（Size）、财务杠杆（Leverage），支付方式选择与公司财务特征相关，当并购方的财务状况更好的时候，并购方更有能力支付现金；固定资产比例（Fix），并购方的固定资产比例越大，具有更多的资产进行抵押，更容易获取资金来支付。（3）并购相对交易规模（Relativesize），并购相对交易规模越大，代表更大的并购相对交易规模和越强的信息不对称程度。并购交易价款相对于并购方自身的经济规模来说越大，意味着并购方对于被收购方的了解程度更小，并购方会愿意在支付并购价款时使用股票。（4）宏观经济：国内生产总值对数（GDP）、股市发展水平指标（Stock），当经济发展水平更高和金融市场成熟度提高的时候，并购方更愿意采用股票支付并购价款；货币政策（Monetary），在货币宽松期，并购公司获取贷款的能力更强，并购方更具有能力支付现金；分税制改革指标（Reform），股权分税制改革后，并购方支付并购价格更能够采用股票方式。（5）并购方未来的投资需求：投资现金流流出（Cash），并购公司未来投资需求越多，并购方需要储备资金用于未来投资，因而并购方更愿意采用股票。另外，本章还控制了并购方所属行业。变量的具体定义如表4.1所示，同时本章将财务指标滞后一期以避免内生性问题。模型（4.3）关注 β_1 的系数。

表4.1 变量定义

变量类型	变量简称	变量名称与度量标准
被解释变量	Percash	并购方所支付的交易价格中现金支付所占的比例
	Paymethod1	股票支付定义为0，现金加股票定义为1
	Paymethod2	全部股票支付设为0，现金加股票设置为1，全部现金设为2
解释变量	Ifrating	如果并购方存在主体评级，设置为1，否则为0
	Rating	并购方的主体评级水平，如果主体评级级别为AA+级别或者是高于AA+级别，设置为1，否则为0
控制变量	Size	在并购日的前一个月并购方所具有的总市值对数
	Leverage	（上一年的并购方总负债+并购交易价格）/（上一年的并购方总资产+并购交易价格）
	Fix	并购日前一年并购方具有的固定资产/并购日前一年并购方具有的总资产
	Relativesize	相对交易规模，定义为：（并购交易价格+并购日前一个月并购方所具有的总市值）/并购交易价格
	GDP	国内生产总值的自然对数
	Stock	上证指数×100000/（2000×GDP）
	Monetary	货币供应量相比于经济总量：M_2/GDP
	Cash	并购方在下一年投资活动现金流出的对数
	Control	第一大股东的持股比例
	State	如果并购方由国有企业控股，设置为1，否则为0
	Reform	并购方在上一年的流通市值占总市值的比重
	Industry	并购方所属行业，依据证监会行业代码设为哑变量

第二，为了验证“假设3”的成立，本章设定模型（4.4）来探讨信息不对称如何影响到主体评级与支付方式间的关系，即：

$$
\begin{aligned}
Dep = \beta_0 + \beta_1 Ifrating + \beta_2 Ifrating \cdot Relativesize \\
+ \beta_3 Relativesize + Controlvariables + \sum Industy + \varepsilon \quad (4.4)
\end{aligned}
$$

在模型（4.3）的基础上，模型（4.4）引入主体评级存在性与相对交易规模的交叉项 Ifrating · Relativesize。其中，Relativesize 越大意味着越小的并购相对规模。其他的控制变量与模型（4.3）相同。模型（4.4）关注 β_2 的系数。

4.3 实证检验

4.3.1 描述性统计分析

首先，本章对并购者支付方式和主体评级分布情况进行分析，如表 4.2 所示。从并购支付方式选择上看，在 1866 个样本中，仅有 157 个并购者采用股票对并购交易总价进行支付，使用股票方式和现金方式同时对价格进行支付的并购者仅有 26 个。但是，在总体样本中，使用纯现金方式对并购活动进行支付占据了 90.2%，为 1683 个。这里的统计结果说明，国外发达国家采用多种类型的方式支付并购价格，但是中国并购活动仍旧是以现金方式为主要方式，存在对于现金的偏好。对于那些受到融资约束的企业，由于不能从其他来源获得融资，所以很可能无法完成提高协同效应的并购活动。因此，降低企业融资约束和提升企业的融资能力对提升中国并购效率具有重大意义。

表 4.2　　并购支付方式与评级描述

评级	股票	现金加股票	现金	总和
A -	0	0	1	1
A	1	0	3	4
A +	0	0	21	21
AA -	4	0	60	64
AA	6	1	91	98
AA +	0	1	37	38
AAA -	0	0	2	2

续表

评级	股票	现金加股票	现金	总和
AAA	1	0	32	33
无	145	24	1436	1605
总和	157	26	1683	1866

资料来源：国泰安 CSMAR 数据库、Wind 数据库。

其次，从主体分布情况来看，在所有样本中，存在和不存在主体评级的并购者分别为 261 个和 1605 个。这说明，在并购者中，具有主体评级的公司占较低的比例，较少的公司选择从信用评级机构获取主体评级，中国信用评级业所提供的评级服务仍旧有较大的发展空间。具有主体评级的 261 个并购者中，评级级别为 A + 级及其以下的公司仅有 26 个，评级级别分布在 AA - 、AA、AA + 级别的企业有 200 个，主体评级级别为 AAA - 和 AAA 级的并购方仅有 35 个，如表 4.2 所示。这意味着，在所有具有主体评级的并购者中，主体评级级别主要分布在 AA 级的中等级别，拥有高评级和低评级的并购者所占比重较小。

最后，本章对主要变量进行描述性统计分析，结果如表 4.3 所示。样本中并购者的市值平均值为 15.415，最小值为 12.617，最大值为 21.658，标准差为 1.092；并购者的财务杠杆均值为 0.558，说明在样本并购者的财务结构中，负债占据较大的比例；相对交易规模标准差为 86.739，且最小值（1.070）与最大值（1545.363）之间相差很大，说明相对交易规模的波动性较大，也说明不同并购活动中并购双方的信息不对称程度存在较大差异；样本中并购者第一大股东持股比例的均值为 39%，而最大值为 86%，并购方第一大股东持股比例相对较高；并购者实际控制人性质虚拟变量的均值为 0.606，说明在样本的所有并购者中，国有控股占 60.6%，国有性质的企业所占据的比例要大于民营性质企业所占据的比例，这与中国上市公司的实际情况相符合。

表 4.3　　主要变量的描述性统计

变量	样本数	平均值	标准差	最小值	最大值
Percash	1866	0.905	0.290	0	1.002
Paymethod1	1866	0.916	0.278	0	1
Paymethod2	1866	1.817	0.564	0	2

续表

变量	样本数	平均值	标准差	最小值	最大值
Rating	261	5. 073	1. 443	1	8
Ifrating	1866	0. 140	0. 347	0	1
Size	1866	15. 415	1. 092	12. 617	21. 658
Leverage	1866	0. 558	0. 189	0. 021	1. 553
Fix	1866	0. 313	0. 228	0. 0004	0. 968
Relativesize	1866	49. 275	86. 739	1. 070	1545. 363
GDP	1866	13. 244	0. 429	12. 446	13. 789
Stock	1866	0. 254	0. 166	0. 116	0. 652
Monetary	1866	0. 592	0. 049	0. 533	0. 661
Cash	1866	1. 775	11. 170	-0. 146	311. 448
Control	1866	0. 039	0. 016	0. 0003	0. 086
State	1866	0. 606	0. 489	0	1
Reform	1866	0. 573	0. 272	0. 019	1

4.3.2　主体信用评级存在性与企业并购支付方式选择

本部分采用模型（4.3）分析主体评级存在性对于并购者选择支付方式的影响力，回归结果如表4.4所示。对于系数的标准差，本部分采用公司层面的聚类稳健标准误。

表4.4　　主体信用评级存在性与并购支付方式的回归结果

变量	Tobit	Ordered Probit	Logit	Probit
	Percash	Paymethod2	Paymethod1	Paymethod1
	(1)	(2)	(3)	(4)
Ifrating	4. 446 *** (2. 73)	0. 536 *** (3. 18)	0. 696 ** (1. 98)	0. 452 ** (2. 57)
Size	-1. 244 ** (-2. 10)	-0. 151 ** (-2. 26)	-0. 250 * (-1. 91)	-0. 132 * (-1. 89)
Leverage	-12. 46 *** (-3. 40)	-1. 485 *** (-4. 97)	-2. 802 *** (-4. 35)	-1. 591 *** (-5. 13)
Fix	-4. 161 ** (-2. 23)	-0. 507 ** (-2. 49)	-0. 888 ** (-2. 19)	-0. 423 ** (-1. 96)

续表

变量	Tobit	Ordered Probit	Logit	Probit
	Percash	Paymethod2	Paymethod1	Paymethod1
	(1)	(2)	(3)	(4)
Relativesize	0.341*** (3.73)	0.041*** (4.42)	0.102*** (4.55)	0.038*** (4.05)
GDP	-12.71*** (-4.12)	-1.505*** (-6.51)	-2.759*** (-5.89)	-1.451*** (-5.91)
Stock	-12.55*** (-3.21)	-1.470*** (-4.32)	-2.574*** (-3.89)	-1.489*** (-4.18)
Monetary	-48.18*** (-2.70)	-5.766*** (-3.11)	-10.63*** (-2.82)	-5.299*** (-2.68)
Cash	0.272 (1.43)	0.034 (1.55)	0.0855 (1.42)	0.041 (1.54)
Control	0.482 (0.02)	-0.213 (-0.06)	6.002 (0.80)	1.658 (0.42)
State	1.437 (1.48)	0.167 (1.54)	0.312 (1.50)	0.181 (1.60)
Reform	-0.626 (-0.32)	-0.080 (-0.34)	0.143 (0.31)	0.006 (0.03)
_cons	232.2*** (4.35)		49.44*** (6.48)	26.28*** (6.58)
Sigma_cons	8.421*** (5.06)			
cut1_cons		-27.61*** (-7.38)		
cut2_cons		-27.48*** (-7.35)		
Obs	1866	1866	1866	1866
Pseudo R-sq	0.280	0.280	0.324	0.301

注：括号中的值为 t 值，*、**、*** 分别代表在 10%、5%、1% 水平上显著。

列（1）使用 Tobit 模型探讨主体评级存在性如何影响并购者的支付方式选择，被解释变量为并购者在支付并购交易总价格时采用现金的比重 Percash，解释变量为并购方是否存在主体评级 Ifrating。列（1）中，主体评级是否存在 Ifrating 的系数显著为 4.446，与不具有主体评级的并购方相比，具有主体评级的并购企业会使用更高比重的现金来支付并购总价，这与“假设 1”的预期一致。一般来说，存在信用评级的并购方具有更大的债务融资能力，而具有更大债务融资能力和较小融资约束的并购方更倾向于采用现金支付方式。从影响大小来看，卡兰帕萨斯等（Karampatsas et al.，2014）采用模型（4.3）所得到的系数为13.11，其被解释变量的取值范围是0～100，在将其换算为本章采用的0～1的情况下，系数由13.11变成0.1311，远小于本章的4.446，说明主体信用评级对中国式现金支付偏好的并购具有更强的意义。

从其他系数的结果来看，并购方规模（Size）的系数显著为负，即并购方规模越大，并购价款中现金所占比率越低。并购方财务杠杆（Leverage）的系数显著为负，说明并购方财务杠杆越大，并购方所支付的价格中现金支付比例越小，这与法乔和马苏利斯（Faccio and Masulis，2005）的预测一致，并购活动中的现金支付一般是通过发行新债券来融资，而高财务杠杆的并购方在发行债券的能力上具有限制，所以高财务杠杆的并购方会更倾向于使用股票支付。并购相对交易规模（Relativesize）的系数显著为正，说明并购相对交易规模越小，并购企业越愿意在支付并购价款时使用现金。这是因为当交易价格相对于并购方规模更小时，一方面并购所需要的现金对于并购方的支付能力来说越显得微不足道；另一方面并购双方面临的信息不对称更小，并购活动给并购企业带来的交易风险更小，所以并购方更倾向于使用现金支付。

另外，从宏观经济特征来看，经济发展水平指标（GDP）的系数显著为负，在经济繁荣期，市场更为发达，并购方的融资环境更为宽松，因此，并购方越倾向于使用股票进行支付。股票市场发展指标（Stock）的系数显著为负，在牛市时，并购方更倾向于使用股票支付方式，这一实证结果与刘淑莲等（2012）的结论一致，因为在牛市中股票被高估的可能性越大，并购方更倾向于使用股票支付从而降低并购成本。货币政策指标（Monetary）的系数显著为负，在货币紧缩期，并购方自身更倾向于使用现金支付。

列（2）考察主体评级存在性如何影响并购方选择支付方式，被解释变量为Paymethod2，采用的方法为Ordered Probit模型。列（2）中，主体评级是否存在Ifrating的系数显著为0.536。列（3）和列（4）采用的被解释变量均为Paymethod1，对此定义分别采用Logit和Probit模型进行回归。列（3）和列（4）中，Ifrating的系数均显著为正。这三个模型的结果与Tobit模型类似，存在主体评级的并购企业越愿意使用混合支付方式或是现金支付方式，而不愿意使用股票支付方式。

综合Tobit、Ordered Probit、Logit和Probit四个模型的结果可以看出，与不具有主体评级的并购企业相比，具有主体评级的并购方更不愿意在支付并购交易总价时采用股票支付，会使用更高比重的现金。

这里的原因在于，主体信用评级具有缓解资本市场信息不对称的能力，投资者对于具有主体评级的债券发行人更加认可。因此，具有主体信用评级的并购方能够更好地接触到债券市场，在债券市场上通过发行债券来进行融资，进而债务融资能力更强。而债务融资约束更小的并购方通常在并购支付中会采用更高的现金支付比例。因此，存在主体评级的并购企业在并购支付中更加倾向于现金。上述结论说明假设 1 成立，主体评级确实具有降低企业融资约束的功能，主体评级能够提升并购者在支付并购交易总价中使用的现金比重，且能够增加并购方使用现金支付方式的可能性。

4.3.3 主体信用评级级别与企业并购支付方式选择

本部分使用模型（4.3）来探讨主体评级水平如何影响并购方选择支付方式。本部分所采用的样本为具有主体评级的相关样本，回归结果如表 4.5 所示。

表 4.5 主体信用评级级别与并购支付方式的回归结果

变量	Paymethod2	Paymethod1
	Ordered Probit	Probit
	(1)	(2)
Rating	2.316 ** (2.51)	2.280 ** (2.17)
Size	-1.183 ** (-2.33)	-0.994 ** (-1.96)
Leverage	3.576 * (1.80)	3.551 * (1.87)
Fix	-2.698 ** (-2.56)	-2.268 * (-1.94)
Relativesize	0.289 *** (4.39)	0.247 *** (4.19)
GDP	-3.134 (-1.18)	-3.199 (-1.13)
Stock	0.660 (0.33)	0.742 (0.35)
Monetary	-21.99 (-1.59)	-23.37 * (-1.65)
Cash	0.241 * (1.66)	0.302 (1.27)
Control	10.77 (0.77)	8.494 (0.61)

续表

变量	Paymethod2	Paymethod1
	Ordered Probit	Probit
	(1)	(2)
State	-0.443 (-0.76)	-0.526 (-0.94)
Reform	0.129 (0.13)	0.170 (0.16)
_cons		68.84 (1.44)
cut1_cons	-69.96 (-1.52)	
cut2_cons	-69.78 (-1.52)	
Obs	261	261
Pseudo R-sq	0.575	0.597

注：括号中的值为t值，*、**、*** 分别代表在10%、5%、1%水平上显著。

列（1）采用的方法是Ordered Probit，被解释变量为并购支付方式Paymethod2，股票支付为0，混合支付为1，现金支付为2。主体评级水平Rating的系数显著为正，如果并购方具有更高的主体评级水平，其越愿意采用现金进行支付并购交易价格，这与“假设2”一致。

一方面，并购方主体评级越高，意味着并购方的信用质量越高，这会使并购方所发行的债券信用风险更小，投资者对于该债券的认可度更高，此类债券的融资成本越小。因此，具有高主体评级的并购方具有更强的债务融资能力。另一方面，监管部门对于企业发行债券规定了评级水平的发行门槛，机构投资者等购买方对于所买入的债券有信用评级级别的规定。高主体评级的发行人会更容易满足监管部门的发行要求和机构投资者的买入条件，从而更容易在债券市场上发行债券，发行的债券也更易被投资者购买。因此，高主体评级的并购方具有更强的债务融资能力。从以上两个方面来看，高主体评级的并购方在并购支付方式选择中更有可能使用现金支付。

列（2）研究主体评级水平对并购者选择支付方式的影响力，使用的方法是Probit模型。当并购方采用股票支付时，被解释变量Paymethod1等于0，当并购方采用现金支付或是现金加股票支付时，Paymethod1取1。从列（2）可以看出，Probit模型的结果显示，并购方的主体评级水平Rating同样显著正向影响Paymethod1。

因此，Ordered Probit 模型和 Probit 模型结果显示，主体评级水平对于并购者支付方式的选择具有显著的正向影响，这与“假设 2”一致。

4.3.4 不同信息不对称程度下的异质性特征

表4.4 和表4.5 的结果证实有主体评级和高主体评级能够提高并购方支付现金的比例和可能性。本章将其归结为主体信用评级降低信息不对称、缓解融资约束所起的功能。为了进一步探讨主体评级影响支付方式的机制，本部分将研究主体评级与并购者选择支付方式间的关系如何受到并购活动信息不对称程度的影响。

本章在表4.4 的模型中加入主体评级是否存在与信息不对称的交叉项 Ifrating · Relativesize，回归结果如表4.6 所示。列（1）使用 Tobit 模型探讨主体评级存在性如何影响并购者的支付方式选择，被解释变量为并购者在支付并购交易总价格时采用现金的比重 Percash。从列（1）的结果可以看出，主体评级是否存在与信息不对称的交叉项 Ifrating · Relativesize 的系数显著为正，结果说明，信息不对称程度越高，现金支付比例对于主体评级的敏感度更小，这证实了“假设 3”的成立。

表4.6 并购相对交易规模对主体评级与并购支付方式之间关系的影响

变量	Percash	Paymethod2	Paymethod1	Paymethod1
	Tobit	Ordered Probit	Logit	Probit
	(1)	(2)	(3)	(4)
Ifrating	-5.651* (-1.65)	-0.663* (-1.71)	-0.857 (-1.27)	-0.633 (-1.57)
Ifrating · Relativesize	1.025*** (2.77)	0.122*** (3.17)	0.170** (2.57)	0.107*** (2.90)
Size	-1.217** (-2.05)	-0.149** (-2.20)	-0.248* (-1.88)	-0.131* (-1.85)
Leverage	-12.42*** (-3.40)	-1.500*** (-4.99)	-2.831*** (-4.39)	-1.606*** (-5.13)
Fix	-4.231** (-2.22)	-0.522** (-2.52)	-0.911** (-2.21)	-0.442** (-2.00)
Relativesize	0.316*** (3.64)	0.038*** (4.31)	0.095*** (4.33)	0.035*** (3.93)
GDP	-12.60*** (-4.11)	-1.511*** (-6.51)	-2.768*** (-5.92)	-1.454*** (-5.89)

续表

变量	Percash	Paymethod2	Paymethod1	Paymethod1
	Tobit	Ordered Probit	Logit	Probit
	(1)	(2)	(3)	(4)
Stock	-12.35*** (-3.21)	-1.465*** (-4.33)	-2.561*** (-3.91)	-1.487*** (-4.20)
Monetary	-48.38*** (-2.74)	-5.862*** (-3.18)	-10.73*** (-2.86)	-5.341*** (-2.71)
Cash	0.261 (1.34)	0.0328 (1.46)	0.0854 (1.38)	0.0410 (1.47)
Control	4.245 (0.13)	0.219 (0.06)	7.004 (0.92)	2.057 (0.50)
State	1.610 (1.61)	0.190* (1.70)	0.333 (1.57)	0.203* (1.74)
Reform	-0.445 (-0.22)	-0.0597 (-0.25)	0.174 (0.37)	0.0241 (0.10)
_cons	230.3*** (4.35)		49.62*** (6.49)	26.35*** (6.57)
sigma_cons	8.314*** (5.06)			
cut1_cons		-27.73*** (-7.40)		
cut2_cons		-27.60*** (-7.37)		
Obs	1866	1866	1866	1866
Pseudo R-sq	0.289	0.290	0.330	0.310

注：括号中的值为t值，*、**、***分别代表在10%、5%、1%水平上显著。

列（2）探讨并购方与被收购方的信息不对称如何影响主体评级和支付方式间的关系，被解释变量为Paymethod2，采用的方法为Ordered Probit模型。列（2）中，主体评级是否存在与信息不对称的交叉项Ifrating · Relativesize的系数显著为0.122。列（3）和列（4）采用的被解释变量均为Paymethod1，对此定义分别采用Logit和Probit模型进行回归。列（3）和列（4）的结果显示，交叉项Ifrating · Relativesize的系数均显著为正。这三个模型的结果与Tobit模型类似，说明并购方和被收购方间的信息不对称程度越大，主体评级对现金支付方式的正面影响越低。

综合Tobit、Ordered Probit、Logit和Probit四个模型的结果可以看出，并购方和被收购方之间的信息不对称程度越大，主体评级对现金支付的正面影响越小。这主要是由于，在并购活动中，当并购方并不知晓目标公司的基本情况时，并购交易活动的风险变大，并购方会更愿意采用股票来支付并购交易总价。而当并购交易总价格相比于并购方自身经济规模来说更高的话，意味着并购的信息不对称增大。因此，当并购价格相对于并购方资产规模更大时，尽管主体评级可以增强并购方的融资能力，但是由于担心并购活动的交易风险，并购企业更愿意选择股票来支付价格以分散风险。这样的情况在一定程度上会降低主体评级对于并购方现金支付的影响力。

4.4 稳健性检验

在本章前面的研究中，假定主体评级存在性变量外生决定，即在所有的总体样本中，并购方是否存在主体评级是随机性的。但是刘和马拉泰斯塔（Liu and Malatesta，2006）、安和陈（An and Chan，2008）认为，公司一般会根据自身的财务特征，对相应的成本收益进行权衡后选择是否从信用评级机构获取主体评级。因此，并购企业是否存在主体评级是内生性的。为了一定程度上控制内生性导致的样本选择偏差，本章选择采用工具变量进行两阶段最小二乘回归，以对本章的结果进行稳健性检验。

本章借鉴卡兰帕萨斯等（Karampatsas et al.，2014）的研究，选择三个变量作为工具变量，分别为并购方所属行业中所有公司中存在主体评级的企业所占据比重的对数（Industryrating）、滞后一期的并购企业净资产收益率（Roe）和并购方的上市时间（Age）。本章使用这三个工具变量分别进行Tobit和Probit二阶段最小二乘法回归，得到的结果如表4.7所示。

表4.7　　主体评级存在性与并购支付方式之间关系的内生性检验

变量	Ifrating	Percash	Paymethod1
		Tobit	Probit
	(1)	(2)	(3)
Industryrating	1.223*** (9.75)		
Age	0.001 (0.68)		
Roe	-0.031 (-0.52)		

续表

变量	Ifrating	Percash	Paymethod1
		Tobit	Probit
	(1)	(2)	(3)
Ifrating		23.12 *** (2.85)	3.699 *** (3.98)
Size	0.082 *** (8.79)	-2.842 *** (-2.84)	-0.436 *** (-3.88)
Leverage	0.008 (0.17)	-10.91 *** (-3.08)	-1.732 *** (-4.59)
Fix	0.069 ** (2.02)	-6.145 ** (-2.44)	-0.873 *** (-2.96)
Control	-0.161 (-0.30)	-15.52 (-0.47)	-0.821 (-0.19)
Relativesize	-0.0003 *** (-3.05)	0.288 *** (4.24)	0.039 *** (8.62)
Cash	0.002 *** (2.74)	0.190 (1.03)	0.0355 (1.31)
State	-0.033 * (-1.94)	1.705 (1.62)	0.273 ** (2.06)
GDP	-0.102 *** (-2.74)	-12.32 *** (-3.30)	-1.740 *** (-4.65)
Stock	-0.065 (-1.11)	-9.588 ** (-2.50)	-1.374 *** (-3.10)
Monetary	-0.636 ** (-2.20)	-28.06 (-1.48)	-3.277 (-1.34)
Reform	0.135 *** (3.61)	-4.070 (-1.61)	-0.582 * (-1.79)
_cons	0.448 (0.76)	237.5 *** (3.58)	33.69 *** (5.48)
Obs	1850	1850	1850
R-sq	0.202		
DWH test		9.58	14.99
		(0.002)	(0.000)

注：括号中的值为t值，*、**、***分别代表在10%、5%、1%水平上显著。

表4.7的列（1）显示的是二阶段最小二乘回归的第一阶段回归结果，被解释变量为是否存在主体评级Ifrating。从列（1）可以看出，并购方所属行业中所有公司中存在主体评级的企业所占据比重的对数（Industryrating）的系数显著为正，并购方同行业中具有主体信用评级的公司所占比例越高，

更多的同行业公司选择从信用评级机构获取主体评级，该并购方具有更大的可能性具有主体信用评级。这是因为，并购方的行为会受到同行业公司行为的影响，一旦更多的同行业公司具有主体评级，提升了债务融资能力，该并购方为了在行业竞争中脱颖而出，也会选择向评级机构购买主体信用评级。但是并购方上市时间（Age）和并购方滞后一期的净资产收益率（Roe）的系数并不显著。

表4.7的列（2）和列（3）给出了二阶段最小二乘回归的第二阶段回归结果。列（2）采用的是IV Tobit估计，被解释变量为并购方支付交易价格中现金所占的比重Percash，列（3）采用的是IV Probit估计，被解释变量为Paymethod1。列（2）和列（3）中，主体评级存在性Ifrating的系数均显著为正。结果显示，主体评级影响并购方的融资能力进而作用于并购方的支付方式，并不是企业内生性的影响，而是主体评级功能发挥的结果。

4.5 本章小结

信用评级业给出的主体评级具有缓解企业债务融资约束的功能。具有主体信用评级的企业通常在债券市场上具有更强的融资能力，高主体评级的企业会以更低的融资成本在市场上发行债券。因此，具有主体评级和高主体评级的企业债务融资约束更小。而在企业并购活动中，决定其成败的环节是企业并购所采用的资金支付方式。西方发达国家的并购发展时间较长，形成了股票、现金和混合的多样化支付方式，但是中国的并购活动仍旧以现金支付为主。在并购方选择并购资金支付方式的过程中，并购方所面临的融资约束是影响并购方选择哪种支付方式的关键因素，债务融资约束越小的并购方会有更多的资金采用现金支付并购价格。因此，具有主体评级和高主体评级的企业债务融资能力更强，从而在并购行为中会更加愿意采用现金进行支付，或是在并购交易总价中使用更高比重的现金。

本章探讨主体评级如何并购方选择支付方式，实证结果显示：第一，存在主体评级和高主体评级的并购方在支付并购交易总价时采用更高比重的现金，更愿意采用现金来支付并购价款；第二，如果并购方与被收购方的信息不对称程度更高，即并购相对交易规模更大时，主体评级对支付方式的正面影响更低；第三，采用合适的工具变量进行二阶段最小二乘法回归，从而控制内生选择偏差后，本章的结论仍旧成立。

本章的结果证明了中国信用评级业给出的主体评级确实具有缓解企业融资约束的功能，进而影响企业的并购支付方式选择。在中国并购活动以现金支付为主的现实背景下，鼓励企业获取主体信用评级是提升企业融资能力进而提升并购效率的关键因素。在当前中国的信用评级业发展过程中，存在多家信用评级机构，例如大公国际、联合资信、中诚信国际、鹏元等，提供的评级类型有债券评级、主体评级、主权评级等。对于中国信用评级业而言，应该注重评级的多样化，多方面发展不同类型的评级，从而满足企业的多层次需求。政府应该出台法规鼓励企业向信用评级机构获取主体信用评级，同时政府也可以为企业购买主体信用评级的费用提供一定的补贴。另外，监管部门采用措施监督评级机构提升主体评级的准确性，以使主体评级能够在并购活动中发挥更好的作用。

通过上一章和本章的分析，本书分别从主权信用评级对于国家经济增长的影响和主体信用评级对于并购支付方式的影响两个方面考察了信用评级业的功能，证明了信用评级业所提供的主权信用评级具有引导资源在国家间配置的功能、信用评级业所提供的主体信用评级具有提升企业债务融资能力的功能。下一章本书从债券信用评级对于中小企业私募债融资成本的影响方面探讨信用评级业给出的债券信用评级所具有的功能。

第5章　债券信用评级与中小企业融资成本

第3章、第4章我们分别探讨了信用评级业所提供的主权信用评级和主体信用评级在国家经济增长和公司并购活动中的功能。本章关注中国资本市场上债券信用评级对于中小企业私募债融资成本的影响，从而探讨中国信用评级业所提供的债券信用评级是否具有缓解资本市场信息不对称的功能。中小企业在中国经济发展中的角色不可或缺，但是融资问题是制约中小企业经济发展的瓶颈。在资本市场上，中小企业私募债属于特殊群体，信息不对称问题更为严重，因此，本章以中小企业私募债作为特定对象研究债券评级对于私募债融资成本的影响。

在中国经济发展中，中小企业发挥着重大作用。然而，由于银行信贷配给和中小企业本身抵押品不足等原因，中小企业一直面临融资难的困境。为了拓宽中小企业融资渠道，证监会借鉴美国高收益债券模式在2012年推出了新的金融创新产品中小企业私募债。中小企业私募债是一种高收益和高风险共存的债券。2012年6月8日，苏州华东镀膜玻璃有限公司在上海交易所成功发行了第一只中小企业私募债券。根据Wind数据库数据，截至2014年底，在上海和深圳证券交易共发行614只中小企业私募债，累计规模887.8286亿元。虽然中小企业私募债对于缓解中小企业融资难问题起到很大的作用，但是中小企业私募债由于存在严重的信息不对称程度而在市场上遭遇到投资者认可度不高的局面。

基于此，本章致力于从实证方面探讨债券信用评级对中小企业私募债融资成本的影响，从而研究信用评级业提供的债券信用评级是否具有降低资本市场信息不对称的功能。本书探讨的主要问题包括：对于具有更为严重信息不对称程度的中小企业私募债而言，高债券评级的私募债是否具有更低的融资成本？对于不同类型的私募债而言，债券信用评级对私募债融资成本的降低作用是否不同？

5.1　理论分析与研究假设

在中小企业发展过程中，中小企业融资难一直是无法克服的难题，也是学界关注的一大问题。中小企业融资难的根本原因在于信息不对称，斯蒂格利茨和韦斯（Stiglitz and Weiss，1981）指出，银行和企业间的信息不对称会带来道德风险和逆向选择，促使银行采取信贷配给，使中小企业被排斥在融资之外。作为解决中小企业融资难的典型手段，信用评级和担保机制受到了学界的普遍关注（郭娜，2013）。本章将分别探讨这两种机制对于中小企业私募债融资的影响。

近年来，为了拓宽中小企业融资渠道，交易所借鉴美国高收益债券的经验推出了中小企业私募债。许多研究认为，私募债市场顺利运行的机制之一在于信用评级机制，完善私募债信用评级制度非常重要。蔡万科和唐丁祥（2011）、李训等（2013）认为，中国应当借鉴发达国家资本市场高收益债券的经验完善私募债评级制度。从必要性来看，私募债由中小企业发行，违约率较高，债券信用评级的信息作用更加明显，私募债市场尤其需要公正准确的债券评级以帮助投资者合理地估计违约风险，保护投资者利益（张自力，2012；陈腾龙和薛文忠，2012）。总的来看，完善债券信用评级制度是控制违约风险、规范私募债市场运作的重要保证。

既然债券信用评级制度对于私募债市场如此重要，那么债券评级是如何影响私募债成本的呢？债券信用评级是一种对债券发行人偿付债务能力的衡量。债券发行人可以通过信用评级向债券市场投资者传递自身高信用质量的信号，从而降低自身与投资者之间的信息不对称，提升债券对投资者的吸引力（Liu and Malatesta，2006）。部分研究指出，债券发行人在债券市场上的融资能力，很大程度上依赖于债券评级水平（Lemmon and Zender，2010）。进一步地，对于中小企业私募债来说，债券信用评级显得尤为重要。中小企业信息透明度较低，投资者很难判断其风险，而优质中小企业可以通过债券信用评级向市场传递其高信用质量的信号，使投资者很容易判断出其信用风险（钟爱贞和王显忠，2013）。这有利于降低信息不对称，提升投资者的认可度，从而降低融资成本。大量研究发现，债券融资成本与债券信用评级水平之间负相关，债券信用评级越高，债券在市场上的发行成本越低（何平和金梦，2010）。

因此，对于高债券评级的私募债而言，信用风险较低，投资者所要求的收益也更低，即融资成本更低。根据以上分析，本章提出第一个假设。

假设1：对于具有债券信用评级的私募债来说，债券信用评级越高，中小企业私募债融资成本越低。

尽管债券信用评级能够降低私募债融资成本，但是这种效应对于不同特征的中小企业可能具有异质性。本部分从两个方面分析债券信用评级融资成本效应的异质性问题。

第一，本章分析对披露财务信息和不披露财务信息的私募债而言，债券信用评级的融资成本效应是否不同。一方面，中小企业财务制度不健全，许多中小企业对外披露信息非常谨慎（李大武，2001）；另一方面，中小企业私募债的信用评级水平较低，违约风险较高，私募债市场需要更加公平和有效的财务信息披露机制（陈颖健，2012；曹萍，2013）。相比于披露财务信息的发行人来说，不披露财务信息的私募债发行人信息更加不透明。投资者可以根据资产水平等财务信息来判断披露财务信息的发行人偿债能力，但无法获取不披露财务信息的发行人财务报表，也就无法知晓其信用风险。而债券信用评级是评级机构与债券发行人进行内部沟通并得到了内部信息后所得出的风险判断。因此，对于信息更为不透明的不披露财务信息私募债来说，债券信用评级能够提供给投资者更多的信息，更容易降低信息不对称程度，能够更强地降低融资成本。

第二，本章分析对于国有和民营中小企业所发行的私募债而言，债券信用评级的融资成本效应是否不同。由于中国的制度背景，民营企业与国有企业相比较，融资成本更高（李广子和刘力，2009）。对于国有企业来说，由于具有政府信用支持，即使没有债券信用评级风险信号传递的情况下，这些公司发行债券仍旧会受到投资者认可。但是，对于优质民营企业而言，由于没有政府的隐性担保，市场更加关注企业质量，债券信用评级的信息作用更大，只有企业发行债券从评级机构获取更高评级时才会受到投资者的追捧。因此，对于民营企业而言，债券信用评级揭示风险和偿债能力的作用更强，对融资成本的降低作用更大。

假设2：对于不具有财务信息的中小企业私募债和民营中小企业发行的私募债来说，债券信用评级对融资成本的降低作用更强。

除了债券信用评级之外，担保也是缓解债券市场信息不对称的机制（Akerlof，1970）。目前，关于担保机制如何影响中小企业融资存在逆向选择和道德风险道德两种理论。逆向选择理论认为，银行无法在事前甄别借款人风险，所以高质量的借款人会主动采用担保机制以显示自身良好的信用能力，这意味着担保与融资成本负相关（Bester，1985；Besanko and Thakor，1987）。而道德风险理论认为，银行事前知道借款人的风险，但是无法监督借款人贷款后的行为，因此，银行会要求低质量的借款人提供担保以防范其道德风险，担保与融资成本正相关（Boot et al.，1991）。

目前，学界对于私募债市场担保机制的研究主要从必要性和作用机制两个方面展开定性讨论。从必要性上看，由于中小企业私募债具有较高的违约风险，为了保护投资者的利益，保证债券的还本付息，需要中小企业私募债的发行人通过抵押或是信用担保进行信用增级，从而有利于保护投资者利益和保证中小企业私募债市场的顺利运行（何君光和陈佳，2010；曹萍，2013）。同时，张自力（2012）指出，引入担保清偿机制是另外一种保护投资者利益的重要手段。因此，担保机制对于私募债的发行是非常必要的一种机制。

从作用机制来看，担保机制在私募债市场中如何发挥作用？其运作机理更加符合道德风险模型还是逆向选择模型的预测？中小企业财务积累能力有限，所以往往需要借助担保来增强企业的整体信用，实现信用增级（沈洪明，2006）。冯丽娜（2013）指出，私募债需要担保机制来提升其信用评级。所以对于中小企业私募债而言，担保机制是一种增信措施，是为了降低债券发行人事后的违约可能性，更加符合道德风险模型的预测。只有资质较差的中小企业因为担心将来的违约，才会选择担保，选择担保的企业往往是风险较高的企业。因此，相比不具有担保的私募债而言，具有担保的私募债发行人信用风险更高，进而融资成本更高。

除此之外，本章还关注不同类型担保对私募债融资成本的异质性影响。对于具有担保的私募债而言，不同的担保方式其担保效力和增信效果不同。专业担保机构作为第三方担保人的担保效力要强于普通企业。这是因为相比于普通企业的担保方，专业担保机构具有更强的政府支持背景和资金来源（蔡万科和唐丁祥，2011）。另外，担保机构有专业化的信息搜集和监督能力，不仅能够与中小企业共同承担风险，而且能够降低总体风险。因此，本章认为，对于抵押质押担保或是专业担保机构进行担保的私募债来说，担保增信效果更强，信用风险越小，融资成本也就较低。

假设3：相比不具有担保的私募债而言，具有担保的私募债融资成本更高。对于具有担保的私募债来说，由专业担保机构进行担保的私募债融资成本越低。

5.2 研究设计

5.2.1 样本选择与数据来源

本章使用上海交易所和深圳交易所在2012～2014年发行的中小企业私募债作为原始的样本，在剔除了缺失数据的样本后获得了614只中小企业私募债，本章的数据来源为Wind数据库。

5.2.2 描述性统计分析

首先，本章针对中小企业私募债发行进行描述性统计分析。私募债是由中小企业在沪深交易所发行的债券。

图5.1显示，在2012年6月8日，首只中小企业私募债在上海证券交易所发行成功。从2012～2013年，私募债的月发行规模均低于32亿元。进入2014年，私募债成为地方政府融资平台筹集资金的渠道，这使私募债的发行量快速升高。1～9月，月发行规模基本上保持在高于45亿元的水平。但是10月开始，交易所开始限制融资平台发行私募债，这使当月发行量仅有18亿元。由于交易所对于平台类私募债的管制，导致私募债发行规模在10月急剧下跌至18.23亿元。从年发行量来看，私募债从2012～2013年这两个年份的总发行量为369亿元，发行量在2014年升至529亿元。从2012～2014年，私募债总体发行量为887.8286亿元。

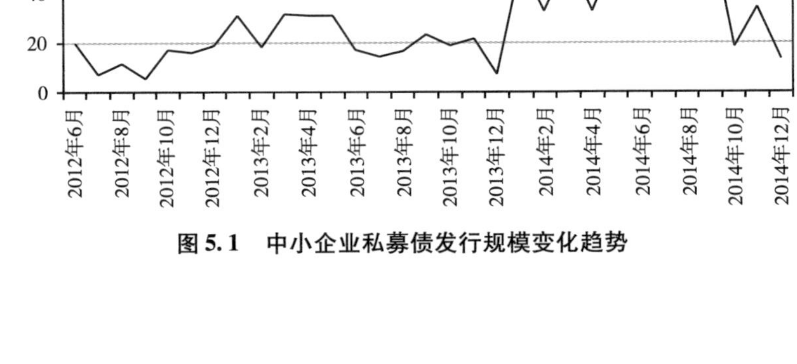

图5.1 中小企业私募债发行规模变化趋势

其次，本章统计分析中小企业私募债的评级状况。表 5.1 显示，2012 ~ 2014 年所发行的所有私募债中，有 125 只存在债券评级，为总数的 20.36%。在 2012 年发行的 83 只私募债中，仅有 20 只私募债存在债券评级，为发行总数的 24.1%。在 2013 年发行的 204 只私募债中，仅有 47 只私募债获取了债券评级，占总体私募债的 23.04%。在 2014 年发行的 327 只私募债中，共有 58 只私募债从中国信用评级机构获取了债券评级，占私募债总数的 17.74%。从这个趋势可以看出，2012 ~ 2014 年，具有债券评级的私募债比例随着时间变动而有降低的趋势。这可能是因为，在私募债发行初期，私募债发行人中小企业资质较好，但是在后期私募债发行人资质逐渐下降，导致获取债券评级的私募债比例下降。

表 5.1　　私募债评级情况描述

年份	AAA	AA +	AA	AA −	A +	A	A −	有	无	总和
2012	2	2	8	6	0	1	1	20	63	83
2013	0	5	32	8	2	0	0	47	157	204
2014	0	9	40	9	0	0	0	58	269	327
总和	2	16	80	23	2	1	1	125	489	614

资料来源：笔者依据 Wind 数据库整理。

从评级级别的情况来看，私募债的最低级别为 A −，私募债的最高级别为 AAA。在 2012 年具有债券评级的 20 只私募债中，有 2 只私募债获得了最高级的 AAA 级，14 只私募债的评级级别为 AA 级和 AA − 级。在 2013 年具有债券评级的 47 只私募债中，有 5 只私募债获得了 AA + 级，没有私募债获得最高评级级别，32 只私募债的评级为 AA 级。在 2014 年具有债券评级的 58 只私募债中，9 只获得了 AA + 级，9 只获得了 AA − 级，而具有 AA 级的私募债达到 40 只。从 3 年发行的私募债总体来看，AA − 级占总体私募债的 18.4%，AA 级占据总体的 64%，中小企业私募债的评级水平主要分布在这两个级别上，这意味着私募债评级水平较低。

再其次，本章统计分析了中小企业私募债的担保状况，如表 5.2 所示。在所有私募债中，有 489 只由一定的担保人进行了不同类型的担保。在具有担保人的私募债中，有 474 只私募债是采用保证担保、连带责任担保和不可撤销连带责任担保，抵押和质押担保仅占总担保数的 3.07%。这说明私募债的担保以信用担保为主，而较少采用资产抵押或是有价证券质押担保，这较为符合中小企业抵押品不足的现实困境。在所有具有担保人的489只私募债中，348只的担保人为普通企业或者是其他类型的公司，信用担保机构支持的私募债有141只。这意味着中小企业私募债更愿意从普通企业等获取担保，而非信用担保机构。

表5.2　私募债担保情况描述

项目	担保类型			
	信用担保	抵押质押担保	担保机构	普通企业及其他
数目	474	15	141	348
比例（%）	96.93	3.07	28.83	71.17
总和	489		489	

资料来源：笔者依据Wind数据库整理。

最后，本章对私募债的主要特征进行统计分析，如表5.3所示。在私募债的发行利率上，平均值为9.358%，最大值为15%，这意味着相比于普通债券，中小私募债的发行利率较高，属于高收益、高风险并存的债券。在私募债的发行规模上，发行量的平均值为1.445亿元，这意味着单只私募债的发行量处于较低水平。在私募债的发行期限上，最短的发行期限为1年，而最长的发行期限为5年。从私募债发行人的产权性质来看，民营中小企业仅有273个，占所有的私募债发行人的44.5%，这说明发行私募债的中小企业以国有企业为主。从是否披露财务数据来看，在所有614只私募债中，仅有284只私募债披露了财务信息，披露财务数据的私募债仅占46.3%，这说明中小企业私募债的信息不透明问题较为严重，更加需要债券信用评级来解决其自身存在的严重信息不对称问题。从私募债发行人的区域上，有88只私募债是由位于西部的中小企业所发行的，仅占据总体私募债的14.10%。这意味着经济发展水平较高的中东部地区发行的中小企业私募债更多，私募债在西部地区发行的较少。未来中小企业私募债的发展需要从中国的东部、中部地区扩展到中国西部地区，从而更好地解决西部地区中小企业融资难的困境。

表5.3　主要变量的描述性统计

变量	样本数	平均值	标准差	最小值	最大值
Cost	614	9.358	1.113	3.68	15
State	614	0.445	0.497	0	1
Amount	614	1.445	1.015	0.05	6

续表

变量	样本数	平均值	标准差	最小值	最大值
Maturity	614	2.674	0.562	1	5
Ifchengtou	614	0.158	0.365	0	1
Ifcaiwu	614	0.463	0.499	0	1
Area	614	0.141	0.349	0	1

5.2.3　实证模型和变量定义

为了检验假设1～假设3，本章参考德博斯基和吉列（Deboskey and Gillett，2013）的做法设定模型（5.1）～模型（5.3）来考察债券信用评级和担保机制如何影响私募债融资成本，即：

$$Cost = \alpha + \beta_1 Creditrating + Controlvariables + \varepsilon \tag{5.1}$$

$$Cost = \alpha + \beta_1 Rating + \beta_2 Type + \beta_3 Type \cdot Rating + Controlvariables + \varepsilon \tag{5.2}$$

$$Cost = \alpha + \beta_1 Danbao + Controlvariables + \varepsilon \tag{5.3}$$

在模型（5.1）中，被解释变量为私募债的票面利率（Cost），即发行成本。主要的解释变量为私募债的债券信用评级情况（Creditrating），本章从两个方面进行衡量：债券评级级别（Bondrating）和私募债是否具有债券评级（Ifrating）。借鉴贝克尔和米尔本（Becker and Milbourn，2011）的度量方法来衡量债券评级级别，将A－级定为1，A级定为2，A＋级定为3，AA－级定为4，AA级定为5，AA＋级定为6，AAA级定为7。

此外，在本书研究中控制以下变量：（1）私募债发行特征：发行期限（Maturity），私募债的发行期限越长，中小企业未来及时偿还本息的可能性越小，融资成本更高；债券发行量（Amount），由于只有资质较好的中小企业才有能力发行规模较大的私募债，这类中小企业的信用质量更好，私募债融资成本更小；是否为城投债（Ifchengtou），由于城投债具有政府背景，相比于不是城投债的私募债，属于城投债的私募债融资成本更低。（2）私募债发行人特征：发行人的产权性质（State），相比于私募债发行人为国有等性质的企业，发行人为民营中小企业的私募债由于并无政府背景，企业在融资过程中受到歧视，融资成本更高；所在区域（Area），由于西部地区的经济发展水平低于中东部，西部地区中小企业发行的私募债偿债能力更差，融资成本更高。(3) 私募债担保情况：是否具有担保（Ifdanbao）。(4) 私募债发行人的财务特征：是否具有财务信息（Ifcaiwu），由于披露了财务信息的中小企业私募债的透明度更大，因此，披露了财务信息的私募债融资成本更小。变量定义如表 5.4 所示。

表 5.4　　　　变量定义

变量类型	变量符号	变量定义
被解释变量	Cost	私募债发行时的票面利率
	Cost1	私募债发行时的票面利率减去相同期限的银行同期贷款利率
解释变量	Ifrating	私募债是否具有债券评级，是为 1，否为 0
	Bondrating	私募债的债券评级，1 ~ 7
	Ifdanbao	私募债是否有担保人担保，是为 1，否为 0
	Danbaotype	私募债担保人类型，担保机构设置为 1，普通企业及其他为 0
控制变量	State	私募债发行人产权性质哑变量，民营企业为 1，国有企业及其他为 0
	Amount	私募债发行量（亿元）
	Maturity	私募债期限
	Ifchengtou	私募债是否为城投债，是为 1，否为 0
	Ifcaiwu	私募债发行人是否具有财务信息，如果有，设置为 1，否为 0
	Area	私募债发行人所在区域，西部为 1，东中部为 0

模型（5.2）在模型（5.1）的基础上增加了私募债类型变量 Type 作为解释变量。本章使用两个私募债类型的变量：私募债发行人的产权性质（State）和私募债发行人是否披露财务信息（Ifcaiwu）。本章还加入了它们与债券评级级别（Bondrating）的交叉项。在模型（3.3）中，主要的解释变量为私募债的担保情况，包括是否具有担保（Ifdanbao）和担保人类型（Danbaotype）。控制变量包括私募债的信用评级情况，其他控制变量同模型（5.1）。

5.3　实证检验

5.3.1　债券信用评级对中小企业私募债融资成本的影响

本部分采用模型（5.1）探讨私募债评级对于融资成本的影响力，结果如表5.5所示。列（1）中，私募债评级Bondrating的系数显著为正，债券评级水平越高的中小企业私募债能够以更低的利率来发行，融资成本更小，这与“假设1”一致。这里的原因在于，信用评级业所提供的债券评级是对于债券风险的衡量，可以使投资者更好地了解债券本身隐藏的风险，为投资者做出投资决策打下基础。而中小企业所发行的私募债存在更为严重的信息不对称问题，债券评级更能够发挥降低信息不对称的作用。一旦中小企业私募债获得高债券评级，投资者对该私募债的认可度增强，高评级的私募债不需要提供很高的收益补偿即可发行，进而融资成本下降。因此，高评级的私募债具有更低的融资成本。

表5.5　　债券信用评级与私募债融资成本回归结果

变量	被解释变量：Cost			
	(1)	(2)	(3)	(4)
		全样本	子样本	子样本
			有担保组	无担保组
Bondrating	-0.213* (-1.81)			
Ifrating		0.098 (0.85)	0.205 (1.62)	-0.740** (-2.47)
Ifdanbao	1.236*** (3.92)	0.238** (2.08)		
State	-0.194 (-0.95)	0.108 (1.07)	0.187 (1.60)	-0.204 (-1.08)
Amount	-0.116 (-1.33)	-0.099** (-2.01)	-0.0927* (-1.69)	-0.159 (-1.44)
Maturity	0.325** (2.08)	0.138* (1.70)	0.178* (1.83)	0.135 (0.94)
Ifchengtou	0.384 (1.57)	0.0797 (0.59)	0.131 (0.88)	-0.144 (-0.44)
Ifcaiwu	-0.142 (-0.77)	-0.100 (-1.09)	-0.0579 (-0.55)	-0.136 (-0.73)
Area	0.209 (0.56)	0.299** (2.30)	0.299** (2.05)	0.544* (1.87)
constant	8.694*** (11.19)	8.865*** (35.97)	8.900*** (31.51)	9.219*** (23.89)
Obs	125	614	489	125
R-sq	0.173	0.029	0.028	0.109

注：括号中的值为t值，*、**、***分别代表在10%、5%、1%水平上显著。

同时，本章研究了私募债是否具有债券评级对于其融资成本的作用，列（2）中采用是总样本，从实证结果可以看出，私募债是否存在债券评级 Ifrating 的系数不显著，这意味着存在债券评级的私募债融资成本与不具有债券评级的私募债并无显著区别。但是，将总体样本根据私募债是否存在担保 Ifdanbao 分组。列（3）的实证结果显示，无担保的中小企业私募债子样本中，私募债是否存在债券评级 Ifrating 的系数显著为负。但是列（4）中，在存在担保的私募债子样本中，Ifrating 的系数不显著。这意味着，对于信用风险较低的中小企业来说，获得债券评级对融资成本的降低效用更大。

从列（1）中的其他变量实证结果可以看出，私募债的发行期限 Maturity 的系数显著为正，期限更长的私募债融资成本会越高。这主要是因为私募债期限越长，未来无法及时偿还本息的可能性就越大，从而私募债的融资成本越高。从列（2）中的其他变量实证结果可以看出，私募债的发行规模 Amount 的系数显著为负，私募债的发行规模越大，私募债的融资成本越小。这是因为只有资质比较好的中小企业才能够发行大规模的私募债，这类信用质量较好的中小企业所发行的私募债违约风险更低，进而私募债的融资成本更低。私募债的中小企业发行人所属区域 Area 的系数显著为正，西部地区中小企业所发行的私募债融资成本要高于中部和东部地区中小企业所发行的私募债融资成本。这里的原因在于，西部地区经济发展水平要低于中部和东部地区，西部地区的中小企业的偿债能力要弱于中部和东部地区中小企业的偿债能力。因此，西部地区中小企业所发行的私募债融资成本要高于中东部地区中小企业所发行的私募债。

5.3.2 债券信用评级对中小企业私募债融资成本的异质性影响

本部分采用模型（5.2）研究债券评级降低私募债融资成本的效应是否对于不同类型的私募债而言存在异质性，结果如表 5.6 所示。列（1）中，私募债是否披露财务信息 Ifcaiwu 的系数显著为负，相比于不披露财务信息的私募债，披露财务信息的私募债具有更低的融资成本。这是由于，披露财务信息的私募债发行人具有更高的信用质量，同时披露财务信息会降低信息不对称程度，更加容易获得投资者的认可。私募债是否披露财务信息与私募债评级的交叉项 Ifcaiwu · Bondrating 的系数显著为正。如果私募债未披露财务信息，债券评级的融资成本降低效应更强。这是因为，未披露财务信息的中小企业私募债的信息不对称更大，而债券评级是对于私募债偿债风险的衡量，更能够解决这类私募债的信息不透明问题，降低融资成本的效应更大，这证实“假设2”的成立。

表5.6 债券信用评级对私募债融资成本的异质性影响

变量	被解释变量：Cost	
	(1)	(2)
Bondrating	-0.545*** (-3.46)	0.0996 (0.62)
Bondrating · Ifcaiwu	0.679*** (3.05)	
Ifcaiwu	-3.466*** (-3.14)	-0.125 (-0.70)
Bondrating · State		-0.619*** (-2.77)
State	-0.216 (-1.09)	2.789** (2.55)
Ifdanbao	1.113*** (3.62)	1.301*** (4.23)
Amount	-0.128 (-1.52)	-0.144* (-1.69)
Maturity	0.377** (2.48)	0.312** (2.05)
Ifchengtou	0.312 (1.31)	0.325 (1.36)
Area	0.199 (0.55)	0.210 (0.58)
constant	10.35*** (11.17)	7.198*** (7.76)
Obs	125	125
R-sq	0.235	0.225

注：括号中的值为t值，*、**、***分别代表在10%、5%、1%水平上显著。

列（2）中，私募债所属中小企业的产权性质（State）的系数显著为正，如果私募债是由民营中小企业发行，其融资成本要高于国有中小企业所发行的私募债融资成本。这主要是由于，国有中小企业具有政府信用背景，其所发行私募债违约可能性要小于面临融资约束的民营中小企业。私募债所属中小企业的产权性质与债券评级交叉项State · Bondrating系数显著为负，债券评级对于民营性质的私募债而言作用力更大。这是由于，国有中小企业具有政府支持，即使没有债券评级，其所发行的债券也会获得投资者的认可。但是民营中小企业没有政府的隐性担保，比较依赖债券信用评级来传递其发行私募债高质量的信息。因此，对于民营中小企业而言，债券信用评级对于融资成本的降低作用更强。这证实“假设 2”的成立。

5.3.3 担保机制对中小企业私募债融资成本的影响

本部分采用模型（5.3）研究中小企业的融资成本是否会受到担保的影响，结果如表 5.7 所示。列（1）中，私募债是否存在担保 Ifdanbao 的系数显著为正，存在担保私募债的发行利率比不存在担保私募债的发行利率更大。这证实了“假设 2”的成立，说明担保机制主要的作用是缓解资本市场的道德风险问题。信用风险更高的公司为了提升自身的债务融资能力而选择获取担保。因此，中小企业私募债的担保是为了能够增信，降低筹集资金后的违约可能性，存在担保的私募债信用风险和融资成本更大。列（2）显示了当担保人类型存在异质性时私募债融资成本是否存在不同。担保人类型 Danbaotype 的系数显著为负，如果私募债是由专业担保机构进行担保的话，私募债融资成本更低，这证实“假设 3”的成立。专业担保机构具有更强的政府支持背景，同时也有专业化的信息搜集和监督能力，能够与中小企业共同承担风险。因此，对于专业担保机构进行担保的私募债来说，担保增信效果更强，融资成本就较低。

表 5.7　　担保机制与私募债融资成本回归结果

变量	被解释变量：Cost	
	（1）	（2）
Ifdanbao	0.238** （2.08）	
Danbaotype		-0.526*** （-4.15）
Ifrating	0.098 （0.85）	0.145 （1.16）
State	0.108 （1.07）	0.259** （2.23）
Amount	-0.099** （-2.01）	-0.167*** （-2.94）

续表

变量	被解释变量：Cost	
	(1)	(2)
Maturity	0.138 * (1.70)	0.147 (1.54)
Ifchengtou	0.0797 (0.59)	0.105 (0.71)
Ifcaiwu	-0.100 (-1.09)	-0.0585 (-0.56)
Area	0.299 ** (2.30)	0.230 (1.60)
constant	8.865 *** (35.97)	9.245 *** (31.88)
Obs	614	489
R-sq	0.029	0.062

注：括号中的值为t值，*、**、***分别代表在10%、5%、1%水平上显著。

5.4 稳健性检验

因为债券的发行利率是不断变化的，与经济环境相关，所以本章采用私募债的发行利率减去相同期限的银行同期贷款利率来作为私募债的发行利差。本章采用发行利差（Cost1）代替票面利率对模型（5.1）进行稳健性检验，结果如表5.8所示。从表5.8可以看出，私募债的债券评级（Bondrating）的系数显著为负，总体样本的回归结果显示，是否有债券评级（Ifrating）的系数并不显著。结论与表5.5一致，“假设1”仍旧成立。

表5.8　　　　债券信用评级对私募债融资成本的影响

变量	被解释变量：Cost1			
	(1)	(2)	(3)	(4)
		全样本	子样本有担保组	子样本无担保组
Bondrating	-0.211 * (-1.78)			
Ifrating		0.0900 (0.78)	0.201 (1.59)	-0.777 ** (-2.59)

续表

变量	被解释变量：Cost1			
	(1)	(2)	(3)	(4)
		全样本	子样本有担保组	子样本无担保组
Ifdanbao	1.268 *** (4.00)	0.241 ** (2.10)		
State	-0.196 (-0.95)	0.109 (1.08)	0.190 (1.62)	-0.210 (-1.11)
Amount	-0.117 (-1.34)	-0.0963 * (-1.95)	-0.0899 (-1.63)	-0.161 (-1.44)
Maturity	0.279 * (1.77)	0.105 (1.29)	0.149 (1.52)	0.0939 (0.66)
Ifchengtou	0.388 (1.57)	0.0774 (0.57)	0.128 (0.85)	-0.137 (-0.42)
Ifcaiwu	-0.146 (-0.78)	-0.0987 (-1.07)	-0.0561 (-0.53)	-0.129 (-0.69)
Area	0.230 (0.61)	0.294 ** (2.25)	0.295 ** (2.01)	0.539 * (1.85)
constant	2.631 *** (3.36)	2.804 *** (11.34)	2.829 *** (9.99)	3.186 *** (8.24)
Obs	125	614	489	125
R-sq	0.171	0.026	0.026	0.113

注：括号中的值为 t 值，*、**、*** 分别代表在 10%、5%、1% 水平上显著。

本章采用发行利差（Cost1）代替票面利率对模型（5.2）进行稳健性检验，结果如表 5.9 所示。从表 5.9 的第（1）列可以看出，私募债发行人是否具有财务信息（Ifcaiwu）与债券评级（Bondrating）交叉项的系数显著为正。第（2）列的回归结果显示，私募债发行人产权性质（State）与债券评级（Bondrating）交叉项的系数显著为负。结论与表 5.6 一致，“假设 2”仍旧成立。

表 5.9　　债券信用评级对私募债融资成本的异质性影响

变量	被解释变量：Cost1	
	(1)	(2)
Bondrating	-0.545 *** (-3.44)	0.102 (0.63)
Bondrating · Ifcaiwu	0.684 *** (3.05)	

续表

变量	被解释变量：Cost1	
	(1)	(2)
Ifdanbao	1.144*** (3.70)	1.333*** (4.31)
State	-0.218 (-1.10)	2.792** (2.53)
Amount	-0.129 (-1.53)	-0.146* (-1.70)
Maturity	0.332** (2.17)	0.266* (1.73)
Ifchengtou	0.316 (1.32)	0.329 (1.37)
Ifcaiwu	-3.492*** (-3.14)	-0.129 (-0.71)
Area	0.219 (0.60)	0.230 (0.63)
Bondrating · State		-0.620*** (-2.76)
constant	4.302*** (4.61)	1.133 (1.21)
Obs	125	125
R-sq	0.233	0.222

注：括号中的值为t值，*、**、***分别代表在10%、5%、1%水平上显著。

本章采用发行利差（Cost1）代替票面利率对模型（5.3）进行稳健性检验，结果如表5.10所示。从表5.10的第（1）列可以看出，是否担保（Ifdanbao）的系数显著为正。表5.10的第（2）列中，担保方类型（Danbaotype）的系数显著为负，结论与表5.7一致，“假设3”仍旧成立。

表5.10　　担保机制对中小企业私募债融资成本的影响

变量	被解释变量：Cost1	
	(1)	(2)
Ifdanbao	0.229** (2.18)	
Danbaotype		-0.407*** (-3.07)
Ifrating	0.075 (0.68)	0.146 (1.21)

续表

变量	被解释变量：Cost1	
	(1)	(2)
State	0. 040 (0. 40)	0. 130 (1. 08)
Amount	-0. 112 ** (-2. 39)	-0. 163 *** (-2. 95)
Maturity	0. 068 (0. 89)	0. 082 (0. 89)
Ifchengtou	0. 027 (0. 21)	0. 045 (0. 31)
Ifcaiwu	-0. 046 (-0. 52)	0. 045 (0. 44)
Area	0. 268 ** (2. 18)	0. 244 * (1. 76)
constant	2. 974 *** (12. 48)	3. 235 *** (11. 70)
Obs	624	477
R-sq	0. 026	0. 040

注：括号中的值为 t 值，*、**、*** 分别代表在 10%、5%、1% 水平上显著。

总体来看，在使用发行利差（Cost1）代替私募债的发行利率来衡量融资成本后，主要解释变量的结果并未发生重大变化，证实了结果的稳健性。

5.5　本章小结

中国信用评级业提供的债券信用评级具有缓解资本市场信息不对称的功能，可以降低债券发行人在市场上发行债券的融资成本。而中小企业私募债作为特殊债券品种，具有较为严重的信息不对称程度。过去关于债券信用评级与债券融资成本关系的研究着重于公司企业债、中期票据和短期融资券类型，未有研究涉及中小企业私募债。同时，现有关于债券评级在中小企业私募债中发挥作用的研究指出，中小企业私募债的进一步发展依赖于信用评级机制的建立。但是目前文献以定性分析和统计分析为主，未有实证证据证明债券评级对于中小企业私募债融资成本的降低作用。

本章采用 2012 ~ 2014 年发行的中小企业私募债数据考察了债券信用评级和担保机制如何影响中小企业私募债的融资成本，结论主要分为三个方面：

第一，债券信用评级能够降低中小企业私募债的融资成本；第二，对于民营中小企业发行、不披露财务信息的中小企业私募债来说，债券信用评级的融资效应更强；第三，相比于无担保的私募债，具有担保的私募债融资成本更高，符合道德风险模型的预测，即只有较高风险的私募债才会选择担保机制。专业担保机构担保的私募债融资成本低于普通企业担保的私募债。

本章的实证结论证明，中国信用评级业提供的债券信用评级具有降低资本市场信息不对称的功能，可以降低中小企业私募债的融资成本。中小企业私募债作为金融创新产品，要想真正走向成熟，需要完善债券信用评级制度。监管部门应当加强对于评级机构的监督，使其对于中小企业私募债偿还风险做出准确的评估，从而有利于投资者更好地甄别出不同私募债的信用风险，从而有利于私募债市场化机制的建立。但是由于评级费用对于资金来源窄的中小企业来说负担较重，政府应该对中小企业评级实行补贴，激励更多的中小企业获取评级。

本书在第 3 章、第 4 章、第 5 章分别从主体信用评级对于国家经济增长、主体信用评级对于并购支付方式和债券信用评级对于中小企业融资成本的作用三个方面考察了信用评级业的功能。虽然信用评级业提供的不同类型信用评级发挥着各自的功能，但是信用评级业给出的评级准确性一直饱受各方的质疑。本书在下一章开始探讨信用评级业存在的周期性行为缺陷。

第6章　信用评级业的周期性行为缺陷

根据前面第3章、第4章、第5章的分析可知，信用评级业所提供的主权信用评级具有向投资者提供关于国家信用风险信息和引导资源在国家间配置的功能，从而能够影响国家经济增长。信用评级业提供的主体信用评级具有缓解企业债务融资约束的功能，从而影响企业并购支付方式的选择。信用评级业提供的债券信用评级具有降低资本市场信息不对称的功能，从而影响中小企业私募债融资成本。

虽然信用评级业给予的主权信用评级、主体信用评级和债券信用评级这三种类型评级分别在国家经济增长、企业并购支付和中小企业私募债运行中发挥着重要功能，但是在危机期间信用评级业的表现饱受质疑，暴露出信用评级业存在的诸多内生性缺陷，例如周期性行为、声誉机制无效性、利益冲突和评级高估等。这些内生性缺陷使信用评级业提供的评级不准确，无法向投资者揭示投资对象所隐含的风险，不利于投资者利益的保护，容易造成金融经济的动荡。信用评级业的周期性行为缺陷是上述问题的集中体现。因此，研究中国信用评级业的周期性行为具有一定的普遍性，验证和纠正信用评级业的周期性行为有助于解决上述所揭示的其他缺陷。因此，本章将从中国信用评级业周期性行为角度来探讨中国信用评级业存在的缺陷。

在全球性金融危机和欧洲主权债务危机中，信用评级业的行为呈现出周期性，在经济繁荣期和经济萧条期的表现具有异质性。在危机发生前的繁荣时期，评级机构给予债券以高出自身实际偿还能力的高估评级，在危机发生后大幅降低评级，滞后于市场反应。本章探讨在不同经济形势下信用评级业的周期性行为，所探讨的问题包括：相比于经济萧条期，在经济繁荣期中国信用评级业是否更容易进行评级高估？在采用债券评级对于债券一级市场和二级市场的影响力角度来衡量评级的信息价值后，相比于经济萧条期，在经济繁荣期，评级的信息价值含量是否有所下降？

6.1　理论分析与研究假设

首先，本章考察经济周期对于债券评级水平和债券评级改变的影响，研究在经济繁荣期是否会出现评级高估现象。一般来说，相比经济萧条期，在经济繁荣期债券评级会较高，主要有两个方面原因。

一方面是由于债券发行人本身的信用能力受宏观经济因素波动的影响。债券信用评级是基于债券发行人的基本面财务信息对债券违约风险进行估计（Elton et al.，2004；Perraudin and Taylor，2004）。而债券发行人的违约风险是随着宏观经济波动而不断变化的。在经济繁荣期，企业财务状况良好，债务偿付能力更高，债务的违约概率更低，所以债券评级较高。而在经济萧条期，企业财务状况恶化，偿付能力下降，违约概率上升，故债券评级较低（Treacy and Carey，2000；Carling et al.，2007；孙天琦和张观华，2008）。

另一方面是由于信用评级机构的评级质量具有逆周期性，其更有可能在经济繁荣期进行评级高估，评级机构的行为会放大债券评级的顺周期性。信用评级机构的评级质量逆周期性的机制描述如下。

信用评级机构受到声誉的约束（Mariano，2012）。声誉机制的原理是：如果评级机构给予高评级的债券出现违约现象，投资者会降低对该评级机构所给予评级的认可度，减少购买其评级的相关债券，导致债券发行人转而从其他评级机构寻求评级，降低了该评级机构的盈利水平（Strausz，2005；Mathis et al.，2009）。所以在声誉机制的约束下，为了避免可能的损失，评级机构会有动力提供高质量的准确评级（Bouvard and Levy，2009）。

但是评级机构的主要目标是利润最大化，在不同的经济环境下，声誉的价值不同，评级机构提供有质量评级的成本和收益不断变化，导致其提供高质量评级的动力存在差异（Bar－Issac and Shapiro，2013）。相比于经济萧条期，在经济繁荣期，评级费用更高、分析师劳动力市场竞争更激烈、好投资项目的比例更高、债券违约概率更低。这些因素导致在经济繁荣期投资于评级质量的成本更大而收益更小，声誉损失更小，提升评级质量的动力减弱，所以评级机构更有可能减少对评级质量的投资而导致评级质量下降（Bar－Issac and Shapiro，2013）。

实践中，低的评级质量往往意味着评级水平的高估。原因在于，债券发行人强烈偏好高评级（Cornaggia，2013），而信用评级机构为了得到债券发行人支付的评级费用会给予债券发行人高评级（Partnoy，2006、2009）。因此，在债券市场上较为常见的一种现象就是评级高估（Skreta and Veldkamp，2009；Bolton et al.，2012），而评级质量的下降也意味着评级高估的增多（He et al.，2012；Griffin and Tang，2012）。此前的分析表明，相比于经济萧条期，经济繁荣期的评级质量更低。所以在经济繁荣期，评级高估的可能性上升，评级更容易升级。

综合上述分析，相比于经济萧条期，在经济繁荣期，债券评级水平更高，更容易出现评级高估，升级更多。基于以上分析，本章提出第一个假设。

假设1：债券评级水平具有顺周期性，在经济繁荣期，评级高估的可能性更大，债券更容易升级。

其次，本章直接考察经济周期对于债券评级信息的影响，即考察债券评级的信息价值在不同经济环境下的差异性。

信用评级机构的作用在于凭借其专业优势和信息渠道向市场传递公司信息，从而降低信息不对称，即信用评级具有信息价值（Kliger and Sarig，2000）。根据假设1的论证，信用评级机构的债券评级质量具有逆周期性，相比于经济繁荣期，在经济萧条期，债券评级质量更高，而较高的评级质量也意味着债券评级具有更大的信息价值。本章将从两个方面考察债券评级的信息价值，即考察债券评级对债券一级市场和二级市场的影响力。

从债券评级对债券一级市场的影响力来看，信用评级向市场传递的新信息会导致债券融资成本的变动，信用评级水平越高，债券的融资成本更低，如果债券评级的信息价值含量越大，那么债券融资成本对债券评级的敏感度越大（何平和金梦，2010；朱松，2013；王雄元和张春强，2013）。前述分析表明，相比于经济繁荣期，在经济萧条期，债券评级的信息价值更大，因此，债券评级对债券一级市场的影响更大，债券的融资成本对评级的敏感度应该更高。

从债券评级对债券二级市场的影响力来看，信用评级向市场传递的新信息会导致债券价格的变化（Becker and Milbourn，2011）。由于信用评级与违约风险负相关，违约风险与债券收益正相关，使评级越高，债券收益与国债收益的收益率差价越小。债券评级的信息价值越大，则债券收益率差价对于债券评级越敏感（Becker and Milbourn，2011）。前述分析表明，相比于经济繁荣期，在经济萧条期，债券评级的信息价值更大，所以债券评级对债券二级市场的影响力应该更大，债券收益率差价对债券评级的敏感度应该更高。基于以上分析，本章提出第二个假设。

假设2：债券评级信息价值具有逆周期性，在经济繁荣期，债券评级的信息价值更小，债券评级对债券一级市场和二级市场影响力更小。

6.2　研究设计

6.2.1　样本选择与数据来源

本章使用沪深债券市场和银行间债券市场2002～2013年发行的债券信用评级数据作为初始样本。本章首先剔除了短期融资券、中期票据等，只保留公司债和企业债；其次剔除了评级机构缺失、评级缺失和由两家评级机构评级的债券；最后共得到3065只债券。

Wind数据库提供了债券信用评级和债券发行人的详细信息，本章关注的债券评级相关数据包括债券发行时的评级、历史债项评级、最新债券信用评级、债券评级机构、债券发行人中文简称、是否上市公司、公司属性、所属证监会行业、债券的分类、债券的发行期限、债券的发行量、债券发行时的票面利率、债券发行利率类型。债券发行人相关的财务数据包括资产、营业收入、现金比率、息税折旧及摊销前利润/负债、资产负债率、总资产报酬率。债券收益相关的数据，包括债券到期收益率和国债到期收益率，来自国泰安数据库。

对于经济周期衡量指标，本章采用2002～2012年的经济增长率（GDP）、全社会固定资产投资率（FAR）的年度数据。其中，经济增长率取自《中国统计年鉴2013》，全社会固定资产投资增长率取自各年统计年鉴。全部数据保留两位小数。

6.2.2　变量选择和度量

6.2.2.1　信用评级

本章从评级水平和是否改变两个角度衡量信用评级。借鉴贝克尔和米尔本（Becker and Milbourn，2011）的度量方法来衡量信用评级的级别 Rating，将 CCC 级定为 1，逐级升高，AAA 为 18。本章参照施泰纳和海因克（Steiner and Heinke，2001）的定义，如果信用评级机构对债券评级升级，评级改变哑变量 Change 取值为 1，如果信用评级机构对债券评级降级，评级改变哑变量 Change 取值为 0。

6.2.2.2 经济周期

本章借鉴刘树成（1996）、刘树成等（2006）的方法，使用国内生产总值年增长率（GDP）来衡量经济周期。为了结果的稳健性，本章还采用全社会固定资产投资率（FAR）来衡量经济周期。两个宏观经济变量之间具有较强的相关性，相关系数为 0.2176。

6.2.2.3 其他

变量的定义和度量标准如表 6.1 所示。

表 6.1 变量定义和度量标准

变量类型	变量简称	变量名称与度量标准
被解释变量	Rating	债券评级级别
	Change	哑变量，升级为 1，降级为 0
	YS	债券上市首日的到期收益率减去相应日期的国债到期收益率
	Cost	债券发行时的票面利率
解释变量	GDP	国内生产总值增长率
	FAR	全社会固定资产投资率
控制变量	Asset	总资产的对数
	Sales	营业收入的对数
	Cashratio	现金比率
	Ebitda/debt	息税、折旧及摊销前利润/负债
	Leverage	资产负债率/10
	Roa	资产收益率/100
	List	债券发行人是否上市哑变量，是为 1，否为 0
	State	债券发行人产权性质的虚拟变量，如果是国有企业为 1，如果是民营企业为 0
	Type	债券类型哑变量，公司债为 1，企业债为 0

续表

变量类型	变量简称	变量名称与度量标准
控制变量	Plc	债券发行场所哑变量，银行间市场为1，交易所市场为0
	Costtype	债券发行利率类型，固定利率为1，浮动利率和累进利率为0
	Amount	债券发行量
	Maturity	债券期限
	Industry	债券发行人所属行业，依据证监会的行业代码设为哑变量

6.2.3 实证模型

第一，为了检验“假设1”，本章设定模型（6.1）来考察经济周期如何影响债券评级水平和评级改变，即：

$$Dep_{j,t} = \alpha + \beta_1 Macro_t + Controlvariables + \varepsilon_{j,t} \tag{6.1}$$

模型（6.1）的设定和变量选择来自贝克尔和米尔本（Becker and Milbourn，2011），其中被解释变量为债券信用评级，从债券信用评级的绝对水平 Rating 和债券信用评级的变化 Change 两个方面进行衡量。其中债券评级 Rating 不仅包括发行时的债券信用评级，还包括后续的跟踪评级。主要解释变量为当期经济周期指标 Macro，本章使用两个指标进行衡量，分别是国内生产总值年增长率（GDP）和全社会固定资产投资率（FAR）。

此外，本章沿用贝克尔和米尔本（Becker and Milbourn，2011）、朱松（2013）、何平和金梦（2010）、王雄元和张春强（2013），在模型中加入了以下控制变量：（1）债券特征：债券发行期限（Maturity），由于信用质量更好的企业才会发行期限更长的债券，这类企业发行的债券评级水平更高；债券发行量（Amount），如果债券发行规模更大，企业在未来无法及时偿还的可能性增加，因此，发行规模越大的债券评级水平越低；债券类型（Type），企业债一般是由大型的国有企业来发行，且具有银行等机构担保，而公司债由有限责任公司或者是股份有限公司发行，并且无担保。因此，企业债的评级水平高于公司债；债券发行场所（Plc），相比在银行间债券市场发行的债券，在沪深交易所发行的债券评级水平更低。（2）债券发行人的基本面财务状况：资产规模（Asset），资产规模越大的企业偿债能力更强，债券评级水平更高；营业收入（Sales），如果债券发行人的营业收入更多，其所发行的债券更容易偿还，进而债券评级水平更高；现金比率（Cashratio），现金比重越高，用来偿还债券本息的资金流越多，债券评级水平更高；息税折旧及摊销前利润/负债（Ebitda/debt），利润与负债的比重越大，意味着有更多的利润能够用来偿还负债，导致债券评级水平越大；资产负债率（Leverage），该比率越大，负债越有可能被偿还，债券评级水平越高；总资产报酬率（Roa），比率越高，债券偿还可能性越大，评级水平越大。为了避免可能的内生性问题，本章将所有财务指标滞后一期。（3）债券发行人特征：上市与否（List），相比于非上市公司，上市公司的资金来源更多，偿债能力更强，所发行的债券评级水平更高；产权性质（State），由于国有企业具有政府背景，更容易获得资金来偿还债务，因此，国有企业发行的债券评级水平高于民营企业发行的债券。本章控制了行业，变量定义如表6.1所示，模型（6.1）关注 β_1 的系数。

第二，为了检验"假设2"，本章对于债券一级市场的研究，参照埃德林顿和吴（Ederington and Goh，1998）以及德博斯基和吉列（Deboskey and Gillett，2013）的做法建立模型（6.2）来探讨在不同经济环境中债券信用评级对债券一级市场的影响力有何不同，即：

$$\begin{aligned} Cost_{j,t} = {} & \alpha + \beta_1 Rating_{j,t} + \beta_2 Macro_t + \beta_3 Rating_{j,t} \cdot Macro_t \\ & + Controlvariables + \varepsilon_{j,t} \end{aligned} \tag{6.2}$$

其中，被解释变量为债券发行时的融资成本（Cost），即债券发行利率。模型中涉及的主要解释变量为经济周期衡量指标 Macro 和债券评级级别 Rating，其中 Rating 代表债券发行时的债券评级。同时，本章设计了交叉变量 Macro · Rating 作为解释变量，以验证经济周期对债券融资成本—评级敏感度的影响。此外，本章在模型中控制了债券发行利率类型（Costtype），其他变量同模型（6.1）。模型（6.2）关注 β_3 的系数。

对于债券二级市场的研究，本章参照贝克尔和米尔本（Becker and Milbourn，2011）的做法建立模型（6.3）来探讨在不同经济环境中债券信用评级对债券二级市场的影响力是否有所不同，即：

$$\begin{aligned} YS_{j,t} = {} & \alpha + \beta_1 Rating_{j,t} + \beta_2 Macro_t \cdot Rating_{j,t} + \beta_3 Macro_t \\ & + Controlvariables + \varepsilon_{j,t} \end{aligned} \tag{6.3}$$

其中，被解释变量为债券收益率差价（YS），计算方法是债券上市首日的到期收益率减去相应日期的与该债券具有相近期限的国债到期收益率，但是由于国内的相关国债到期收益率数据缺失，本章统一采用010107国债的收益来代替国债收益。模型中涉及的主要解释变量为经济周期衡量指标Macro和债券评级级别Rating，其中Rating代表债券上市首日时的债券评级。同时，本章设计了交叉变量Macro·Rating作为解释变量，以验证经济周期对收益率差价—评级敏感度的影响。此外，本章沿用贝克尔和米尔本（Becker and Milbourn，2011），在模型中加入了以下控制变量：债券发行量（Amount），由于只有资质较好的企业才能够发行规模较大的债券，此类信用质量较好的债券风险较小，进而债券收益率差价越低；债券期限（Maturity），债券期限越长，企业在未来偿还本息可能性降低，进而风险升高，带来债券收益率差价的提升。模型（6.3）关注β_2的系数。

6.2.4　描述性统计分析

首先，本章对中国2002~2013年的经济增长情况进行统计分析，GDP增长率变动情况如图6.1所示。

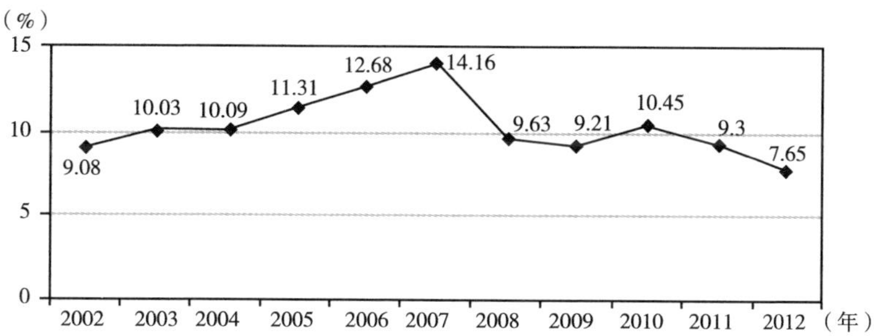

图6.1　2002~2012年中国GDP增长率波动曲线

本章参照经济增长率“谷—谷”法划分经济周期，1949~2009年，中国经济经历10个周期，2010年为第11个周期开始的年份（刘树成等，2006；刘树成，2009）。2003~2007年，中国宏观经济始终保持10%以上的高速增长，但是2008年金融危机使经济增长率快速下滑至9.21%。虽然在2010年回归到10.45%，但是，在2012年，中国经济增长率仅为7.65%。

其次，图6.2列示了中国信用评级业市场规模随时间的变化。从评级规模上看，评级数目从2002年的8个上升到2013年的3065个，说明中国债券市场对信用评级的需求不断增大。2002～2008年，中国信用评级业的市场规模缓慢增长，但是在2009年，评级数目得到了快速的增长。

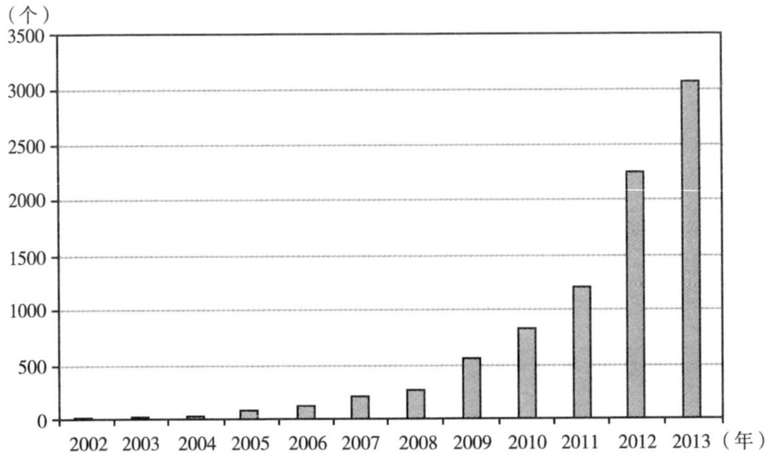

图6.2　中国信用评级业市场规模变动趋势

最后，本章对债券评级情况进行描述性统计。从表6.2可以看出，有评级机构且有评级级别的发行时债券评级共有3065个。在3065个评级中，AAA级有663个，占到21.6%，而AA级及以上共有3004个，占到总评级数目的98%。这说明，中国信用评级的级别较高。在所有的债券评级中，共发生了283次评级改变，有237次升级，46次降级，升级比例达到83.7%。说明中国信用评级业的级别调整中升级比例较高。

表6.2　债券评级和评级改变情况描述

评级	总和	比例
AAA	663	21.6
AA +	846	27.6
AA	1495	48.8
AA −	55	1.8
A +	5	0.2
A	1	0.03

续表

评级	总和	比例
总和	3065	100
升级	237	83.7
降级	46	16.3

资料来源：笔者依据 Wind 数据库整理。

从表6.2的统计分析结果可以看出，中国信用评级业给予债券的评级水平较高，同时更容易进行升级。从这里可以简单地看出，中国信用评级业更加倾向于评级高估。

6.3　实证结果分析

6.3.1　经济周期与评级水平和评级改变：顺周期性

本部分沿用模型（6.1）对经济周期与债券评级级别和改变的关系进行分析。结果如表6.3所示。表6.3报告了经济周期衡量指标作为主要解释变量的回归结果。列（1）中，经济增长率（GDP）的系数为0.087，信用评级水平与经济周期呈现出正相关关系，在宏观经济条件较好、经济处于繁荣时期，债券评级级别较高。这一方面是债券本身的原因，在宏观经济较好时，债券违约风险较低，故评级级别较高；另一方面则是评级机构的原因，在经济繁荣期，评级机构进行评级高估的可能性更高。相比经济萧条期，在经济繁荣期评级费用更高、分析师劳动力市场竞争更激烈、好投资项目的比例更高、债券违约概率更低。这些因素导致在经济繁荣期投资于评级质量的成本更大而收益更小，声誉损失更小，提升评级质量的动力减弱，所以评级机构更有可能减少对评级质量的投资而导致评级质量下降，即评级高估可能性增加。因此，在经济繁荣期，评级机构更容易进行评级高估，从而使评级水平呈现出顺周期性的特征。另外，列（3）中，经济增长率（GDP）的系数为0.141，在经济繁荣期，评级机构更容易对债券发行人升级。上述结果均说明，债券评级水平具有顺周期性，这不仅验证了假设1，也与本米莱克和德卢戈什（Benmelech and Dlugosz，2010）、阿什克拉夫特等（Ashcraft et al.，

2010)、何等（He et al.，2012）和格里芬和唐（Griffin and Tang，2012）的实证结论一致，也在一定程度上验证了斯克雷塔和威尔得坎普（Skreta and Veldkamp，2009)、博尔顿等（Bolton et al.，2012)、夏凡和姚志勇（2013）所建立模型的评级高估结论。

表 6.3　　　　经济周期对债券评级级别和评级改变的影响

变量	被解释变量：Rating		被解释变量：Change		
	(1)	(2)	(3)	(4)	(5)
GDP	0.087*** (14.66)	0.096*** (15.09)	0.141*** (6.09)	0.105*** (4.31)	0.179*** (5.67)
GDP · List		-0.066*** (-3.90)			
GDP · Type				0.186*** (3.65)	
GDP · Plc					-0.072* (-1.76)
Asset	0.256*** (18.34)	0.254*** (18.19)	0.044 (1.15)	0.041 (1.10)	0.039 (1.03)
Sales	0.031*** (3.94)	0.032*** (4.06)	-0.022 (-1.29)	-0.020 (-1.17)	-0.020 (-1.16)
Cashratio	0.012*** (3.40)	0.012*** (3.32)	-0.107* (-1.69)	-0.089 (-1.44)	-0.106* (-1.68)
Ebitda/debt	0.038 (1.41)	0.038 (1.43)	0.523 (1.06)	0.588 (1.23)	0.569 (1.16)
Leverage	0.017*** (2.59)	0.017** (2.50)	0.012 (0.60)	0.015 (0.76)	0.014 (0.70)
Roa	0.045 (0.16)	0.097 (0.35)	0.515 (0.53)	-0.233 (-0.24)	0.254 (0.26)
List	0.478*** (10.15)	1.135*** (6.49)	-0.191 (-0.92)	-0.244 (-1.20)	-0.196 (-0.94)
State	0.332*** (9.11)	0.334*** (9.19)	0.040 (0.55)	-0.008 (-0.11)	0.026 (0.36)
Type	-0.194*** (-3.58)	-0.281*** (-4.80)	-0.028 (-0.13)	-1.593*** (-3.34)	-0.032 (-0.15)
Plc	0.104*** (5.32)	0.103*** (5.26)	-0.019 (-0.41)	-0.015 (-0.34)	0.606* (1.70)
Amount	-0.003*** (-4.68)	-0.003*** (-4.50)	0.005 (1.24)	0.004 (0.97)	0.004 (1.17)
Maturity	0.052*** (16.08)	0.051*** (15.89)	0.002 (0.10)	-0.005 (-0.34)	0.0001 (0.01)

续表

变量	被解释变量：Rating		被解释变量：Change		
	(1)	(2)	(3)	(4)	(5)
Industry	YES	YES	YES	YES	YES
constant	11.49 *** (57.95)	11.43 *** (57.63)	-0.674 (-1.14)	-0.318 (-0.55)	-0.964 (-1.57)
Obs	5101	5101	220	220	220
R-sq	0.536	0.537	0.527	0.557	0.535

注：括号中的值为t值，*、**、*** 分别代表在10%、5%、1%水平上显著。

从列（1）的其他变量的结果来看，债券发行人的营业收入（Sales）、现金比率（Cashratio）、规模（Asset）和资产收益率（Roa）的系数均显著正向影响债券风险，导致更高的评级水平。除了债券发行人基本面财务信息因素之外，债券发行人的产权性质（State）也会影响评级水平，国有企业所发行债券的评级水平高于民营企业所发行的债券，这可能是因为国有企业具有政府的支持，其发行债券违约的可能性较低。

列（1）还控制了债券发行特征的影响，包括发行期限、发行量、债券类型、债券发行场所。债券发行期限（Maturity）的系数显著为正，这主要是因为资质较好的债券发行人才能够发行长期期限的债券，故其发行的债券违约风险更低。因此，债券的发行期限越长，债券评级水平越高（何平和金梦，2010；朱松，2013）。债券发行量（Amount）的系数显著为负，债券发行量越大，债券评级水平越低。这主要是因为债券发行量越大，债券不能够及时偿还利息的可能性就越大，债券违约的可能性就越大。债券类型（Type）的系数显著为 -0.194，公司债的评级水平要低于企业债的评级水平。这是由于企业债的发行人一般是大型国有企业，而公司债的发行人通常是股份有限公司或者是有限责任公司。企业债一般要求由银行或集团进行担保，具有政府信用背景，而公司债通常并无担保。从这两个方面来看，企业债的风险都低于公司债的风险。债券发行场所（Plc）的系数显著为正，说明银行间债券市场所发行的债券评级水平要高于交易所债券市场。

另外，上市公司（List）的系数显著为正，上市公司所发行的债券评级水平要高于非上市公司所发行的债券。这是因为上市公司可以利用股票市场融资，资金充足性较强，债券利息偿还能力较强。产权性质（State）的系数显著为正，国有企业所发行债券的评级水平高于民营企业发行的债券，这主要是因为国有企业具有政府信用优势，其所发行债券违约可能性小。

本章还加入了 GDP · Type、GDP · Plc、GDP · List 的交叉项来考察经济周期波动对评级水平和评级改变的影响力是否会受到债券类型、债券发行场所和公司上市与否的影响。列（2）、列（4）和列（5）中，GDP · List、GDP · Plc 的系数显著为负，GDP · Type 的系数显著为正，对于非上市公司发行的债券、公司债、交易所债券市场发行债券而言，评级水平和评级改变受到宏观经济波动的影响更大，这意味着违约风险更高的债券更容易被宏观经济波动所影响。

6.3.2 经济周期与评级信息价值：逆周期性

本部分沿用模型（6.2）~模型（6.3）分析经济周期是否会影响评级的信息价值，考察在不同的经济环境下评级信息价值的差异性。结果如表 6.4 所示。

表 6.4　　经济周期对债券评级信息价值的影响

变量	被解释变量：Cost	被解释变量：YS
	(1)	(2)
Rating	−0.877*** (−6.38)	−0.128*** (−4.02)
GDP	−0.861*** (−3.26)	−0.197*** (−3.42)
Rating · GDP	0.038** (2.50)	0.008** (2.44)
Asset	−0.144*** (−4.76)	
Sales	−0.049*** (−3.04)	
Cashratio	−0.013** (−2.41)	
Ebitda/debt	0.041 (1.16)	
Leverage	−0.033** (−2.52)	
Roa	−1.567*** (−2.91)	
List	0.083 (0.57)	

续表

变量	被解释变量：Cost	被解释变量：YS
	(1)	(2)
State	-0.448 *** (-6.58)	
Type	-0.351 ** (-2.31)	
Plc	-0.042 (-1.09)	
Costtype	0.194 *** (4.80)	
Amount	-0.0001 (-0.07)	-0.111 *** (-3.34)
Maturity	0.035 *** (3.83)	0.249 (1.43)
Industry	YES	YES
constant	25.44 *** (10.72)	2.914 *** (5.41)
Obs	2062	424
R-sq	0.595	0.705

注：括号中的值为t值，**、*** 分别代表在5%、1%水平上显著。

列（1）主要考察在不同的经济环境中债券评级对债券一级市场的影响力是否存在差异，即经济周期对债券融资成本—评级敏感度的影响。列（1）中,债券发行时评级（Rating）的系数为负，债券评级对债券融资成本有显著影响，评级水平越高，债券融资成本越低。这意味着投资者在选择购买债券时将债券评级作为依据，债券评级能够传递给投资者有价值的信息。这与朱松（2013）、王雄元和张春强（2013）、何平和金梦（2010）的研究结论一致。而债券发行时评级和经济增长率的交叉项 Rating · GDP 的系数显著为正，在经济繁荣期，评级对融资成本的影响力更小，评级的信息价值更小。信用评级对债券一级市场的影响力呈现出逆周期性的特征。另外，从列（1）的其他变量来看，债券发行人的营业收入（Sales）、现金比率（Cashratio）、规模（Asset）、资产收益率（Roa）、资产负债率（Leverage）、产权性质（State）、债券发行期限（Maturity）、债券类型（Type）、债券发行利率类型（Costtype）均显著影响债券融资成本，即债券发行人的财务状况、债券本身的特征、债券发行人的产权性质均影响债券融资成本。

列（2）主要考察在不同经济环境下债券信用评级对债券二级市场的影响力差异性，即经济周期对债券收益率差价—评级敏感度的影响。列（2）中，债券在交易所市场上市首日评级（Rating）的系数显著为负，越高的债券评级会导致更低的债券收益率差价。这意味着债券评级确实带来了债券市场价格的波动，引起了债券收益率的变化，提供给了投资者市场公开信息以外的新信息，即债券信用评级具有信息价值，对债券二级市场具有影响力，这与贝克尔和米尔本（Becker and Milbourn，2011）的结论一致。而债券上市首日的评级和经济增长率的交叉项 Rating · GDP 的系数显著为正，在经济繁荣期，债券评级对债券二级市场的影响力较小。债券信用评级对债券二级市场的影响力呈现出逆周期性的特征。另外，从列（2）的其他变量结果来看，债券发行量（Amount）的系数显著为正，债券发行量越大，债券收益率差价越小，这主要是因为，债券发行规模越大，流动性越高，较低的收益率更容易被投资者接受（何平和金梦，2010）。债券到期期限（Maturity）的系数为正，但并不显著，这可能是因为评级中已经包含了债券发行期限的信息（何平和金梦，2010）。

从列（1）~列（2）可知，债券信用评级的信息价值，即对债券一级市场和二级市场的影响力均呈现出逆周期性的特点。相比经济萧条期，在经济繁荣期，债券信用评级对于债券融资成本的影响力更弱。在经济繁荣期，债券信用评级对于债券收益率差价的影响力更小。表 6.4 的结果不仅验证了假设 2，也与巴尔—艾萨克和夏皮洛（Bar-Issac and Shapiro，2013）的模型结论一致。这是由于在经济繁荣期，信用评级机构进行评级所获得的费用更高、质量较好的投资项目比例更高、债券违约的可能性更低、分析师市场竞争更强，这些因素均导致评级机构投资于评级质量的成本更大而收益更小，故评级机构会将更少的精力投入评级准确性的提高上，导致评级信息价值下降。

本章的结论发现，债券信用评级具有顺周期性，而债券信用评级的信息价值具有逆周期性，其实两者并不矛盾。债券信用评级水平的顺周期性部分是由债券信用评级信息价值的逆周期性所驱动的。在经济繁荣期，信用评级机构容易进行评级高估，评级水平较高，但是债券信用评级的信息含量较低，在经济萧条期，评级高估可能性下降，评级水平较低，而评级的信息价值较高，两者是一枚硬币的两面。

6.4　稳健性检验

在此部分，为了避免因经济周期指标选择所引起的偏差，本章采用来全社会固定资产投资增长率 FAR 来代替前面的经济周期指标 GDP 来进行稳健性检验。本章使用 FAR 对模型（6.1）进行回归，结果如表 6.5 所示。

表 6.5　　　　经济周期对债券评级级别和评级改变的影响

变量	被解释变量：Rating	被解释变量：Change
	(1)	(2)
FAR	0.034***	0.031***
	(11.13)	(4.38)
Asset	0.257***	0.039
	(18.27)	(0.98)
Sales	0.029***	-0.015
	(3.71)	(-0.83)
Cashratio	0.013***	-0.037
	(3.70)	(-0.57)
Ebitda/debt	0.031	0.435
	(1.15)	(0.85)
Leverage	0.020***	0.020
	(2.96)	(0.95)
Roa	0.105	0.863
	(0.38)	(0.86)
List	0.499***	-0.133
	(10.53)	(-0.61)
State	0.330***	0.062
	(8.98)	(0.81)
Type	-0.231***	-0.060
	(-4.22)	(-0.27)
Plc	0.104***	-0.020
	(5.27)	(-0.41)
Amount	-0.004***	0.004
	(-4.89)	(1.11)
Maturity	0.056***	0.007
	(17.43)	(0.41)
Industry	YES	YES

续表

变量	被解释变量：Rating	被解释变量：Change
	(1)	(2)
constant	11.53*** (56.59)	-0.294 (-0.48)
Obs	5101	220
R-sq	0.527	0.488

注：括号中的值为t值，*** 分别代表在1%水平上显著。

表6.5考察了经济周期对于债券评级水平和债券评级改变的影响力。列（1）探讨经济周期对债券评级水平的影响，被解释变量为债券信用评级水平。实证结果显示，全社会固定资产增长率FAR所代表的经济周期系数显著为0.034，在经济繁荣期，债券评级水平更高，评级机构更容易进行评级高估。列（2）考察经济周期对债券评级改变的影响，被解释变量为债券信用评级改变。实证结果显示，FAR的系数显著为正，相比于经济萧条期，在经济繁荣期，债券评级更容易发生升级。表6.5的实证结果与表6.3的结果具有一致性，“假设1”仍旧成立。

总体来看，在使用FAR代替GDP来衡量经济周期后，主要解释变量的结果并未发生重大变化，证实了本章结果的稳健性。

6.5 本章小结

本章研究中国信用评级业的周期性行为缺陷。信用评级机构受到声誉的约束。但是在不同的经济环境下，声誉的价值不同。相比经济萧条期，在经济繁荣期评级费用更高、分析师劳动力市场竞争更激烈、好投资项目的比例更高、债券违约概率更低。这些因素导致在经济繁荣期投资于评级质量的成本更大而收益更小，声誉损失更小，提升评级质量的动力减弱，所以评级机构更有可能减少对评级质量的投资而导致评级质量下降。因此，相比经济萧条期，在经济繁荣期信用评级业更容易进行评级高估和出现评级信息含量的下降。

本章采用2002~2013年的债券信用评级数据，研究中国信用评级业的周期性行为缺陷，主要的结论有：第一，相比经济萧条期，在经济繁荣期中国信用评级业更容易对债券评级进行高估，更容易对评级进行升级。实证结论说明，债券信用评级水平具有顺周期性。第二，相比经济萧条期，经济繁荣期的债券信用评级信息价值更小，债券评级对债券一级市场的影响力和对二级市场的影响力更低。实证结论说明，债券信用评级的信息含量具有逆周期性。

对于中国信用评级业周期性行为研究仍旧有以下三点可以拓展的地方：首先，本章将视角局限在债券评级上，并未考察主体评级随着经济周期变化的情况，主体评级的周期性行为也许会显示出与债券评级不同的特点；其次，本章仅仅考察了公司债和企业债的评级，并未考虑其他的债券类型，例如短期融资券和中期票据；最后，本章并未涉及外部法律环境和债券发行人的产权性质等问题。围绕上述三个方面的研究将进一步深化学界对于评级机构行为模式的理解。

本章的研究证实了在经济繁荣期信用评级业更容易进行评级高估和评级信息价值的下跌。本章的结论意味着中国信用评级业的行为模式与经济基本面息息相关，为此评级业的改革应将经济环境纳入机制内。中国信用评级市场发展仅有20多年的历史，各方面机制存在提升空间。根据发达国家市场的实践经验，评级机构最终是靠声誉积累和口碑建立来生存。基于此，监管当局应当了解中国评级机构在不同经济环境下行为模式的差异性，根据不同经济环境采取不同的措施建立良好的外部法律环境，这样才能够有利于中国信用评级业的健康发展，有利于其更好地发挥金融中介的作用。

本章研究表明，中国信用评级业确实存在着周期性行为的内生性缺陷，本书在下一章将从改善中国信用评级业市场机构的角度来探讨缺陷的解决办法，下一章将考察在中国信用评级业中引入竞争机制是否有利于评级准确性的提高，并且探讨中国信用评级业结构是否存在最优的竞争程度。

第7章 信用评级业的市场结构：竞争还是垄断？

根据上一章的分析可知，中国信用评级业存在着周期性行为缺陷。针对信用评级业所存在着的内生性缺陷，现有文献从多方面探讨解决方案，包括改善信用评级业市场结构、采用投资者付费模式、强化监管、建立激励约束机制等措施。各国监管当局普遍考虑出台法律来监督评级机构的行为。同时，通行的建议是将债券发行人付费模式转变为投资者付费模式，但是，实践并未提供成功的经验，这项措施较难实施。但是，通过改善信用评级业市场结构来提升评级准确性和降低信用评级业缺陷，具有较强的可行性。

已有文献对于信用评级业应该采取怎样的市场结构存在两种相反的观点。部分学者支持"竞争有利说"，垄断性的信用评级业市场结构会导致在位者获取较大的垄断影响力，即使提供的评级不准确，发行人也会购买它们给予的评级。因此，需要引入竞争机制来打破垄断。其他学者指出"垄断有利说"更为符合现实，竞争性的评级业市场结构容易带来选购评级行为，进而造成评级高估，垄断性的市场结构可以避免这些情况的发生。

中国信用评级业与美国信用评级业在发展历史、声誉资本积累和市场结构变化方面存在较大的区别。因此，在以中国信用评级业为背景分析适合的评级业市场结构问题时需要考虑到这些差异。本章将探讨中国信用评级业竞争程度的增加是否有利于信用评级机构提供更为准确的评级。涉及的问题包括：中国信用评级业竞争程度加剧对于评级水平产生怎样的影响？中国信用评级业竞争程度的提高是会提高还是降低评级的信息价值？对于不同制度环境和产权性质的发行人来说，竞争程度的提升对于评级的效应是否具有异质性？中国信用评级业是否存在最优的竞争程度？

7.1　理论分析与研究假设

首先，本章考察信用评级竞争程度的增强对于评级级别的影响，从间接方面来考察信用评级是否有利于提升评级的准确性。

根据产业组织理论，行业市场结构对市场绩效具有重要作用。垄断性的市场结构会导致垄断的市场行为和不良的市场绩效，竞争者的引入可以带来市场绩效的改善（Bain，1968；Scherer，1980；Stigler，1968）。而对于信用评级业，垄断不利于信用评级机构提供准确的评级（Partnoy，1999、2001、2009；Kisgen and Strahan，2010），当评级机构在短期收益和长期声誉损失之间进行权衡时，竞争机制的引入会使声誉损失所带来的收益威胁更加可信，评级机构会致力于提供准确的评级。故信用评级业竞争程度的增加会提高声誉机制约束的有效性，从而提高评级质量（Doherty et al.，2012）。

经典的产业组织理论认为，市场的可竞争性取决于市场进入壁垒的高低，较低的进入壁垒意味着更高的可竞争性（Baumol et al.，1982）。从中国信用评级业本身来看，对于新进入者来说，存在着两种进入壁垒：一是声誉资本带来的进入壁垒，大公国际、中诚信国际和联合资信是中国信用评级业的在位者，相比较进入者来说，成立时间较早，声誉积累相对较多。但是与美国三大评级机构不同，中国信用评级业发展时间较短，现在处在声誉积累期，债券零违约的长期存在导致公众对于评级机构的依赖性不高，中国信用评级业中的在位者获得的社会公信力较低，声誉资本有限。二是政府资格认证带来的进入壁垒，与美国严格的 NRSRO 认证体系不同，中国评级业是由证监会、人民银行、发改委等监管机构赋予评级机构以评级资格，潜在进入者和在位者均都能够相对容易地获得评级资格，故政府资格认证的进入壁垒也较低。综合这两个方面可以看出，与美国较高进入壁垒所导致的行业具有一定自然垄断属性和寡头垄断市场结构不同，中国信用评级业的进入壁垒较低，导致中国评级业的可竞争性较强，潜在的竞争压力有利于保证市场配置效率的最优化（Baumol et al.，1982）。

一般来说，信用评级机构可以采取两种方式获取市场份额。第一种方式是通过评级高估的方式获得发行人的青睐，从而提高短期市场份额。但是这一做法可能会导致投资者降低对于评级机构的信任，使债券发行方更换信用评级机构以获得投资者的认可，从而造成评级机构的长期声誉损失。第二种方式是提供更加准确的评级，为评级机构积累声誉，获得投资者的认可，从而使债券发行方更多地选择这些机构。从两种方式来看，第一种注重短期利益，而第二种更加注重长期利益。评级机构需要在这两种方式的收益和风险之间进行权衡。而声誉机制是决定评级机构选择的重要因素。当市场声誉约束能够有效发挥作用时，短期收益小于长期声誉资本损失，信用评级机构会选择提供较为合理的准确评级（Partnoy，1999、2001；Bolton et al.，2012）。在中国背景下，近几年频繁出现的债券延迟兑付事件，2014 年的“超日债”首例债券违约案例，打破了过去债券刚性兑付的惯例，违约率的约束导致投资者更加关注评级准确性，强化了投资者对于评级机构的评价和监督机制。当信用评级业竞争程度加强时，投资者可以根据评级机构之前的评级结果选择信任或者不信任评级，从而使债券发行方更加方便地选择那些评级准确的信用评级机构以获得投资者认可。故竞争程度的加强有利于声誉机制的发挥，提高声誉对于评级机构的约束，相对降低了评级高估所带来的短期收益的吸引力，从而约束评级机构提供更加准确的评级来扩大市场份额（Doherty et al.，2012）。

通过上述分析可知，竞争程度的强化将有利于声誉机制发挥作用，从而降低评级高估的程度。首先，本章探讨市场结构对于评级水平的影响，一个潜在的假定是评级高估的普遍存在。本章的样本显示，针对中期票据和企业债的所有评级中，AAA 级占到 27.8%，AA 级及以上的评级占到 95% 以上。在存在普遍评级高估的背景下，本章认为，竞争程度的加强有利于评级水平的降低。基于此，本章提出第一个假设。

假设 1：信用评级业竞争程度与评级级别和评级改变负相关。

其次，鉴于以上的研究只是从间接方面证明了竞争程度的加剧会导致更为准确的评级，为了使结果更加稳健，本章还将从直接方面研究竞争程度的增大对评级的准确性的影响，即考察竞争程度的加剧是否会影响债券所得差对评级级别的敏感度。

信用评级机构能够根据企业提供的相关材料进行专业分析进而形成债券信用评级。债券信用评级能够向债券市场中的投资者传递关于债券未来及时偿还本息的信息，具有较强的信息含量（Kliger and Sarig，2000）。当债券评级所提供的新信息进入债券市场，会引发投资者对于债券风险预期的改变，进而导致投资者的买入和卖出行为，带来债券收益率的变动（Becker and Milbourn，2011）。如果债券评级的信息含量提高，评级对于债券收益率差价的影响力会上升（Becker and Milbourn，2011）。根据假设1，评级业竞争程度的加剧会使信用评级机构更加关注声誉资本，这会提高评级的准确性。相应地，评级所具备的信息价值更大，债券收益差价对评级水平的敏感度会相应地提高。

另外，对于不同类型的信用评级机构，信用评级业竞争程度对敏感度的正向影响应该不同。对于在位者来说，潜在进入者的威胁会使其害怕失去市场份额而努力提升信息价值来留住客户。而对于潜在进入者来说，为了扩大市场份额，也会提升评级信息价值。但是由于在位者的声誉资本明显高于潜在进入者，并且在发展时间、声誉资本积累等各个方面均优于潜在进入者，为了维持较高的声誉资本，在位者有更强的动机提供更为准确的评级。基于以上分析，本章提出第二个假设。

假设2：*信用评级业竞争程度会增大债券收益率差价对评级的敏感度；对于垄断性评级机构而言，竞争对敏感度的正向影响更大。*

再其次，本章将从产权性质、市场化程度和法律环境三个方面来分析对于不同类型的公司而言竞争程度对于信用评级的异质性影响。

第一，企业产权性质可能影响竞争对信用评级级别的效应。在中国特色背景下，民营企业在债务融资过程中受到较为严重的歧视。不同于国有企业的政府支持，民营企业缺乏政府背景，面临着较大的融资困境（Wang et al.，2008）。为了获得市场投资者的认可，民营企业更有动力通过粉饰更加“漂亮”的数据等方式提高自身形象，而信用评级机构的评级由于受到投资者更大的认可，从而使非国有企业“购买评级”的动机更强。然而，市场竞争程度的加剧会增加评级机构的声誉关注，从而使这些机构提供更加客观准确的评级，这种作用对于急需购买评级以获得市场认可的非国有企业而言影响更大。

第二，企业所在地的市场化程度可能影响竞争对信用评级级别的效应。一国法律对投资者保护的强弱对该国的金融发展具有决定作用，而企业的债务融资决策会受到投资者法律保护的影响（Demirguc-Kunt and Maksimovic，1999）。市场化程度更低的省份，法律对投资者保护的力度更低，投资者维护自身利益的意识更弱，从而使债券投资者通过诉讼约束评级高估行为的威胁变得不可信，不利于其对信用评级信息价值的监督。而当引入竞争机制后，可以更大程度上提高这类企业的信息价值。

第三，法律环境可能影响竞争对信用评级级别的效应。竞争对评级信息价值的提升需要相关监管部门的相关配套措施，也需要法律法规的支持。法制化指数更高的省份，法律环境较好，信用评级条例的执行效率更高，监管部门对信用评级机构的管制更加严格。这些均会使更好的法律环境为竞争作用的发挥提供一个更好的制度背景，使竞争更好地提升评级的信息价值。因此，处于法制化指数较高省份的评级机构，中国信用评级业竞争程度的增加更容易提高其评级的信息价值，故竞争程度对其负向影响更大。根据以上分析，本章提出第三个假设。

假设3：对于非国有企业和市场化指数更低的企业，对于由法制化指数较高地区所在评级机构所评级的企业而言，竞争对评级的负向影响更大。

最后，本章考察在信用评级业中是否存在最优的竞争程度。对于信用评级业来说，绝对垄断的市场结构或是完全竞争的市场结构均不利于评级准确性的提升。

根据前面假设1的分析可知，在信用评级业竞争程度较低的阶段，竞争程度的提升可以打破垄断格局，从而带来评级准确性的提高。但是，当信用评级业竞争程度到达一定水平后，竞争机制的劣势可能占据主导地位，竞争程度的加剧反而会导致评级准确性的下降。虽然相比美国评级业来说，中国信用评级业的进入壁垒处于较低水平，增加竞争是有利的，但是进入壁垒的存在意味着一定程度的垄断是合理的，适度竞争是一种必然。过度竞争会扩大债券发行人的权力，导致评级选购行为的发生，即债券发行人可以从多家评级机构中选择给予其最高评级的机构。在激烈的行业竞争中，评级机构为了扩大自身的市场份额和留住债券发行人也会给予其尽可能高的评级级别，导致评级准确性的下降（Skreta and Veldkamp，2009；Bolton et al.，2012）。

因此，评级准确性与竞争程度之间存在“U”形关系。在竞争程度较低的阶段，竞争程度的加强有利于评级准确性的提高，表现为评级水平的降低和评级信息价值的提高。而当竞争程度上升到一定限度后，竞争程度的加剧会降低评级准确性，具体表现为评级水平的提高和评级信息价值的降低。基于以上分析，本章提出第四个假设。

假设4：信用评级级别和评级改变与信用评级业竞争程度之间存在“U”形关系；评级的信息价值，即债券收益率差价对评级的敏感度，与信用评级业竞争程度呈现倒“U”形关系。

7.2　研究设计

7.2.1　样本选择与数据来源

本章采用债券市场 2002 ~ 2013 年共 12 年的债券评级数据（包括银行间和沪深市场）。本章剔除了其他债券类型，只使用公司债、企业债，剔除评级机构有多家、无评级以及无评级机构的债券，最终保留 3065 只债券。评级相关数据、债券发行方相关数据、债券收益相关数据来自 Wind 数据库和国泰君安数据库。

7.2.2　变量选择和度量

7.2.2.1　信用评级

本章从评级水平和评级改变两个方面衡量信用评级。本章衡量信用评级的级别 Rating，将 CCC 级定为 1，AAA 级为 18。如果债券评级发生升级，评级改变虚拟变量 Change 为 1，如果发生降级，评级改变虚拟变量 Change 为 0。

7.2.2.2　竞争程度

本章采用两种方法衡量信用评级业的竞争程度。第一种方法是借鉴经典的产业组织理论，用赫芬达尔指数来衡量竞争程度。赫芬达尔指数的定义为：

$$HHI_t = \sum_{j=1}^{n} marketshare_{j,t}^2 \tag{7.1}$$

其中，marketshare 为评级机构 j 在时间 t 上在行业中所占的市场份额，本章以企业公司债评级为基础计算市场份额，故评级机构 j 的市场份额为评级机构 j 在时间 t 的企业公司债评级总数除以所有评级机构在时间 t 的企业公司债评级总数。n 为评级机构总数。HHI 越大，则行业的集中程度越大，信用评级业的竞争程度越小。

第二种方法是根据贝克尔和米尔本（Becker and Milbourn，2011）的相关研究采用一家评级机构的市场份额来衡量市场竞争程度。样本显示，中诚信国际的市场份额从2002年的50%逐年下降到2013年的16%，其市场份额的下降代表了中国信用评级业垄断被打破的程度，与中国信用评级业竞争程度的上升具有较强的相关性，故本章采用中诚信国际的市场份额来衡量评级业竞争程度。

7.2.2.3 实证模型

第一，为了检验“假设1”，本章设定模型（7.2）来检验竞争程度是否影响评级水平和评级改变，即：

$$Dep_{j,t} = \alpha + \beta_1 HHI_t + Controlvariables + \varepsilon_{j,t} \tag{7.2}$$

其中，被解释变量为信用评级，包括Rating和Change两个方面。主要解释变量为当期市场竞争程度指标HHI。在模型中加入了以下控制变量：总资产规模对数（Asset），资产规模越大的企业偿债能力更强，债券评级水平更高；固定资产占总资产的比率（Fix），固定资产比重越大，企业的抵押品越多，能够获得更多融资，债券评级水平越高；营业收入对数（Revenue），如果债券发行人的营业收入更多，其所发行的债券更容易偿还，进而债券评级水平更高；现金比率（Cashratio），现金比重越高，用来偿还债券本息的资金流越多，债券评级水平更高；息税、折旧及摊销前利润/负债（Ebitda/Debt），利润与负债的比重越大，意味着有更多的利润能够用来偿还负债，导致债券评级水平越大；经营活动产生的现金流净额/营业收入（Cash/Revenue），经营活动的现金越多，偿债能力更强，从而债券评级水平越高；息税、折旧及摊销前利润/利息费用（Ebitda/Interest），利润与利息费用的比重越大，意味着有更多的利润能够用来偿还债务利息，导致债券评级水平越大；资产负债率（Leverage），该比率越大，负债越有可能被偿还，债券评级水平越高；长期负债占比（Longdebt），长期负债在企业债务中所占的比重越大，意味着债务负担越重，债券评级水平越低；存货周转率（Stock），此比率越大，意味着资金的使用效率越高，债券评级水平越高；资产收益率（Roa），高的资产收益率意味着企业的盈利能力更强，从而提升债券评级水平。本章将财务指标滞后一期以控制内生性问题。模型（7.2）关注 β_1 的系数。

第二，为了检验“假设2”，本章沿用贝克尔和米尔本（Becker and Milbourn，2011）的信息价值模型，采用模型（7.3）来探讨竞争程度对信用评级信息价值的影响，即：

$$YS_{j,t} = \alpha + \beta_1 Rating_{j,t} + \beta_2 HHI_t \cdot Rating_{j,t} + \beta_3 HHI_t + Controlvariables + \varepsilon_{j,t} \quad (7.3)$$

其中，被解释变量为债券收益率差价 YS，计算方法与模型（6.3）中被解释变量的计算方法相同。模型中涉及的主要解释变量为市场竞争程度衡量指标 HHI 和评级级别 Rating。同时，本章设计了交叉变量 HHI · Rating 作为解释变量，以验证竞争程度对收益率差价—评级敏感度的影响。在模型中加入了以下控制变量：债券发行量（Amount），由于只有资质较好的企业才能够发行规模较大的债券，此类债券收益率差价越低；债券剩余期限（Maturity），债券期限越长，企业在未来偿还本息可能性降低，债券收益率差价的提升。模型（7.3）关注 β_2的系数。

第三，为了检验“假设2”，本章采用模型（7.4）来检验产权性质、市场化程度和法律环境是否会影响评级对竞争的敏感度，即：

$$Rating_{j,t} = \alpha + \beta_1 HHI_t + \beta_2 H_t \cdot External_{j,t} + \beta_3 External_{j,t} + Controlvariables_t + \varepsilon_{j,t} \quad (7.4)$$

为了进一步验证竞争对信息价值的提升作用是否受到外部环境的影响，本章在模型（7.2）中增加了外部环境的变量 External 作为解释变量。本章交替使用三个外部环境的变量：被评级公司的产权性质（State，若企业为国有企业，设为1，否则为0）、被评级企业所在省份的市场化指数（Market）、评级机构所在省份的法制化指数（Law）。市场化指数和法制化指数来源于樊纲等（2011），由于他们设计的指数只更新至2009年，因此，本章采用2009年的数据代替2010~2012年指数。模型（7.4）关注 β_2的系数。

第四，为了检验“假设4”，首先，本章使用模型（7.5）来检验竞争程度是否影响评级水平和评级改变，即：

$$Dep_{j,t} = \alpha + \beta_1 HHI_t + \beta_2 HHI_t^2 + Controlvariables + \varepsilon_{j,t} \quad (7.5)$$

模型（7.5）的设定和变量选择与模型（7.2）类似，但是控制变量少了利润负债比（Ebitda/Debt）、现金收入比（Cash/Revenue）两个变量。同时，评级业竞争程度衡量指标 HHI 为模型（7.1）指数除以10。为了考察评级业竞争程度对评级水平和评级改变的非线性影响，本章在模型（7.2）中引入评级业竞争程度衡量指标的二次平方项 HHI^2。模型（7.5）关注 β_2的系数。

其次，本章采用模型（7.6）来探讨竞争程度对评级信息价值的影响，即：

$$YS_{j,t} = \alpha + \beta_1 Rating_{j,t} + \beta_2 HHI_t + \beta_3 HHI_t \cdot Rating_{j,t} + \beta_4 HHI_t^2 + \beta_5 HHI_t^2 \cdot Rating_{j,t} + Controlvariables + \varepsilon_{j,t} \quad (7.6)$$

模型（7.6）的设定与模型（7.3）类似。模型中涉及的主要解释变量为市场竞争程度衡量指标 HHI、市场竞争程度衡量指标的平方项 HHI^2和债券评级级别 Rating。同时，本章设计了交叉变量 HHI · Rating、HHI^2 · Rating 作为解释变量，以验证竞争程度对收益率差价—评级敏感度的非线性影响。模型（7.6）关注 β_5的系数。

7.2.2.4 描述性统计分析

本章先对评级情况进行描述，如表 7.1 所示。在中国信用评级业中，垄断性的评级机构是在位者，积累了较强的声誉。在所有的评级总额中，垄断性的信用评级机构的评级占据了 61.9% 的市场份额。非垄断性的信用评级机构是进入者，只占到 38.1% 的市场份额。以上结果说明，垄断性评级机构和非垄断性评级机构两者的市场份额仍旧差距较大。

表 7.1　债券评级情况描述

机构	AAA	AA +	AA	AA −	A +	A	总和	比例
大公国际	212	119	312	11	1	0	655	0.214
联合资信	163	144	192	12	1	1	513	0.167
中诚信国际	175	117	196	2	0	0	490	0.238
垄断性评级机构	550	700	700	25	2	1	1658	0.619
上海新世纪	35	108	154	4	0	0	301	0.098
鹏元	9	308	574	24	1	0	916	0.299
中诚信评估	65	48	45	1	2	0	161	0.053
上海远东	4	0	0	0	0	0	4	0.001
东方金城	0	2	22	1	0	0	25	0.008
非垄断性评级机构	113	466	795	30	3	0	1407	0.381
总和	663	846	1495	55	5	1	3065	100
比例	0.216	0.276	0.488	0.018	0.002	0.0003	0	0

资料来源：笔者依据 Wind 数据库数据整理。

从不同类型评级机构所给出的评级级别来看，垄断性评级机构所给出的评级集中于 AA + 级和 AA 级，AAA 级达到 550 个，非垄断性评级机构给出的评级级别集中于 AA 级，AAA 级仅有 113 个。这一定程度上说明，垄断性评级机构给出的评级级别要高于非垄断性评级机构给出的评级级别。

表 7. 2 对评级改变情况进行描述。在所有 283 次评级改变中，46 次降级主要集中在联合资信和鹏元两个机构中，237 次的升级集中于中诚信国际、联合资信、大公国际、上海新世纪和鹏元这五个评级机构中。在所有的升级中，中诚信国际的升级占全部升级的 26. 6% ，比例最高，联合资信的比例仅次之，达到 19. 8% 。在所有的降级中，鹏元的降级在所有降级中的的比例达到 32. 6% ，为最高比例，而联合资信降级比例也为 26. 1% 。

表 7. 2　　债券评级改变情况描述

机构	数量			比例		
	升级	降级	总和	升级	降级	总和
大公国际	42	7	49	0. 177	0. 152	0. 173
联合资信	47	12	59	0. 198	0. 261	0. 208
中诚信国际	63	3	66	0. 266	0. 065	0. 233
上海新世纪	41	3	44	0. 173	0. 065	0. 155
鹏元	37	15	52	0. 156	0. 326	0. 184
中诚信评估	7	6	13	0. 030	0. 130	0. 046
上海远东	0	0	0	0	0	0
东方金城	0	0	0	0	0	0
总和	237	46	283	100	100	100

资料来源：笔者依据 Wind 数据库数据整理。

表 7. 3 将被评级企业分为国有与非国有两种类型，对于这两类不同的企业评级情况进行统计性描述。从表 7. 3 中可知，在所有的被评级企业中，国有企业有 2699 家，非国有企业仅有 366 家，说明中国评级机构所评级的公司以国有企业为主。从评级级别来看，国有与非国有企业的评级级别平均值分别为 16. 733 和 16. 341，国有企业的评级级别平均要高于非国有企业。从是否由垄断性评级机构评级来看，垄断性和非垄断性评级机构所评级的国有与非国有企业数量之比分别为 14. 79 和 4. 39，两者所给予的平均评级级别分别为 16. 873 和 16. 466，这可能是由于垄断性评级机构所评级的企业风险整体要小

于非垄断性评级机构所评级的企业风险。

表 7.3　　国有与非国有债券评级情况描述

机构	非国有	国有	平均值	最小值	最大值
大公国际	15	640	16.809	14	18
联合资信	79	434	16.883	13	18
中诚信国际	11	479	16.949	15	18
大型机构	105	1553	16.873	13	18
鹏元	186	730	16.328	14	18
上海新世纪	24	277	16.578	15	18
中诚信评估	48	113	17.075	14	18
上海远东	0	4	18	18	18
东方金城	3	22	16.04	15	17
小型机构	261	1146	16.466	14	18
平均值	16.341	16.733	0	0	0
总和	366	2699	0	0	0

资料来源：笔者依据 Wind 数据库数据整理。

表 7.4 列示了八个评级机构的市场份额随时间的变化。从各家评级机构的市场份额来看，大公国际、中诚信国际和联合资信的市场份额总和逐年下降，鹏元的市场份额逐年上升。对于 2006 年的市场占比情况，大公国际、联合资信和中诚信国际这三家机构的市场份额总和达到 94%，其中最大的市场份额为中诚信国际，达到 42.9%。而 2013 年的市场占比情况发生了很大变化，市场变得更加分散化。大公国际、联合资信和中诚信国际的市场份额趋同，三者的市场份额总和下降到 54.1%，而鹏元从 2008 年的 0.4% 的市场份额快速上升到了 2013 年的 29.9%。从赫芬达尔指数来看，该指数逐年下降，说明市场竞争程度逐年上升。

表 7.4　　各评级机构的市场份额情况

年份	大公国际	联合资	中诚信国际	鹏元	上海新世纪	中诚信评估	上海远东	东方金城	HHI	市场绝对数
2002	0.25	0.25	0.5	0	0	0	0	0	0.375	8
2003	0.429	0.143	0.429	0	0	0	0	0	0.388	14
2004	0.289	0.395	0.316	0	0	0	0	0	0.339	38

续表

年份	大公国际	联合资	中诚信国际	鹏元	上海新世纪	中诚信评估	上海远东	东方金城	HHI	市场绝对数
2005	0.282	0.247	0.424	0	0.047	0	0	0	0.322	85
2006	0.308	0.203	0.429	0	0.030	0	0.030	0	0.322	133
2007	0.276	0.263	0.378	0	0.046	0.018	0.018	0	0.291	217
2008	0.263	0.303	0.328	0.004	0.058	0.029	0.015	0	0.273	274
2009	0.286	0.275	0.252	0.046	0.092	0.041	0.007	0	0.234	563
2010	0.281	0.240	0.252	0.075	0.110	0.036	0.005	0	0.220	828
2011	0.266	0.226	0.213	0.128	0.109	0.056	0.003	0	0.198	1214
2012	0.234	0.171	0.180	0.258	0.100	0.054	0.002	0.002	0.196	2259
2013	0.214	0.167	0.160	0.299	0.098	0.052	0.001	0.008	0.201	3065

资料来源：笔者依据 Wind 数据库数据整理。

7.3 实证结果分析

7.3.1 竞争程度对于评级水平和评级改变的影响

本部分沿用模型（7.2）对信用评级业竞争程度与评级级别和改变的关系进行初步分析，从间接方面考察评级业竞争程度的增加是否有利于提高评级的准确性。结果如表7.5所示。列（1）中，信用评级业竞争程度赫芬达尔指数的系数显著，并且正向地影响评级水平，说明产业集中度越低，即信用评级业的竞争程度越大，评级水平越低。列（3）中，赫芬达尔指数 HHI 的系数显著为正，信用评级业的竞争程度越大，越容易降级。这两个方面的结果支持“假设1”。

表7.5　　竞争程度对债券评级水平和评级改变的影响

变量	被解释变量：Rating		被解释变量：Change	
	(1)	(2)	(3)	(4)
HHI	0.654 *** (19.27)	0.628 *** (18.34)	1.109 *** (5.01)	1.132 *** (4.95)
Monopoly		0.105 *** (5.27)		−0.027 (−0.43)

续表

变量	被解释变量：Rating		被解释变量：Change	
	(1)	(2)	(3)	(4)
Asset	0. 272 *** (20. 86)	0. 259 *** (19. 29)	0. 152 *** (2. 75)	0. 155 *** (2. 77)
Fix	0. 379 *** (6. 60)	0. 369 *** (6. 43)	-0. 212 (-1. 13)	-0. 214 (-1. 14)
Revenue	0. 054 *** (5. 51)	0. 056 *** (5. 73)	-0. 058 (-1. 33)	-0. 060 (-1. 36)
Cashratio	0. 010 *** (2. 60)	0. 009 ** (2. 50)	-0. 128 (-1. 40)	-0. 118 (-1. 25)
Ebitda/Debt	0. 441 *** (3. 67)	0. 408 *** (3. 40)	1. 542 ** (2. 12)	1. 484 ** (2. 00)
Cash/Revenue	-0. 082 (-0. 83)	-0. 061 (-0. 62)	-0. 178 (-0. 05)	-0. 199 (-0. 06)
Ebitda/Interest	-0. 065 (-0. 82)	-0. 093 (-1. 16)	-0. 190 (-0. 96)	-0. 179 (-0. 90)
Leverage	0. 003 *** (4. 24)	0. 003 *** (3. 87)	0. 003 (0. 77)	0. 003 (0. 77)
Longdebt	0. 002 *** (4. 01)	0. 001 *** (3. 67)	0. 006 *** (3. 12)	0. 006 *** (3. 07)
Stock	0. 465 *** (3. 00)	0. 483 *** (3. 12)	-7. 424 (-1. 51)	-7. 228 (-1. 46)
Roa	0. 010 *** (2. 80)	0. 011 *** (3. 13)	-0. 015 (-1. 00)	-0. 013 (-0. 90)
constant	10. 39 *** (82. 56)	10. 57 *** (79. 63)	-3. 273 *** (-4. 93)	-3. 327 *** (-4. 92)
Obs	5671	5652	168	168
R-sq	0. 425	0. 430	0. 283	0. 284

注：括号中的值为 t 值，** 、*** 分别代表在 5% 、1% 水平上显著。

这一结论与贝克尔和米尔本（Becker and Milbourn，2011）的结论相反，主要原因在于中国信用评级业与国外评级业的发展阶段和模式不同，国外信用评级业具有较高的进入壁垒，使其具有较大的自然垄断属性，寡头垄断是一种较为合理的市场结构。在此背景下，竞争的引入只会导致选购评级和评级高估的现象，反而不利于信用评级机构提供更准确的评级（Bolton et al.，2012）。但是，中国信用评级业与之有较大区别，中国信用评级业的进入壁垒较小，使其可竞争性较强，竞争的适度引入有利于市场的有效配置。在竞争机制的约束下，评级机构采用评级高估所导致的短期利益小于长期资本损失，导致其不会使用评级高估的方式，而是选择提供准确评级从而积累声誉资本，即采取较低级别和降级的方式来扩大市场份额。总之，国外信用评级业的发展时间较长，经历了竞争有利阶段到达了如今的垄断有利阶段，而中国信用评级业处在发展初期，仍旧处于竞争有利阶段，需要通过引入竞争来积累声誉。上述结果不仅验证了“假设1”，也与基斯根和斯特拉恩（Kisgen and Strahan，2010）和多尔蒂等（Doherty et al.，2012）的实证结论一致，并且证明了竞争确实有利于评级准确性的提高（Partnoy，2006）。

另外，本章在模型（7.2）中引入了是否为垄断性评级机构评级（Monopoly）这一解释变量。在中国信用评级业中，垄断性的评级机构是在位者，积累了较强的声誉，主要分为三个评级机构：大公国际、联合资信、中诚信国际。非垄断性的信用评级机构是进入者，发展时间要短于垄断性的评级机构，规模较小，主要包括鹏元资信、中诚信评估、上海远东、东方金诚四家评级机构。列（2）中，在引入 Monopoly 之后，Monopoly 的系数显著为正，垄断性评级机构所评级的债券级别更高。

从列（1）的其他变量的结果来看，资产自然对数（Asset）的系数显著为正，债券发行人的总资产规模越大，债券评级水平越高。这与现实相符合，总资产规模更大的公司偿债能力更强，信用质量更高，因而可以获得更高的债券评级。固定资产比例（Fix）的系数显著为正，债券发行人企业的固定资产占总资产的比例越高，债券评级水平越高。营业收入（Revenue）的系数显著为正，债券发行人的营业收入越高，债券评级水平越高。这是由于，债券发行人具有更多的营业收入，利润水平更高，具有更多的资金来偿还债务，未来偿还本息的可能性越大，因此，信用风险越小，债券评级级别越高。现金比率（Cashratio）的系数显著为正，现金流越多，企业有更多的资金来偿还债券本息，债券评级水平越高。利润负债比（Ebitda/Debt）的系数显著为正，这说明，利润负债比越高，债券评级水平越高。这是因为，债券发行人企业的利润相比于企业所具有的负债越多，企业可以用来偿还债务的利润越多，覆盖债务的可能性越大，债券评级水平越高。存货周转率（Stock）、资产收益率（Roa）的系数均在1%的水平上显著为正，存货周转率越大、资产收益率越高，债券所获得的评级水平越高。

7.3.2 竞争程度对于评级信息价值的影响

本部分沿用模型（7.3）分析竞争是否会影响评级的信息价值，从直接方面考察竞争是否会影响评级的准确性，结果如表 7.6 所示。列（1）中，债券收益率差价与评级之间存在显著的负向关系，评级水平越高，债券收益率差价越低，债券评级具有信息价值。而竞争与评级的交叉项 HHI · Rating 的系数显著为 0.091，行业集中度越低，即信用评级业竞争程度越高，债券收益率差价对评级越敏感，即竞争程度的加剧会提高债券收益率差价对评级的敏感度，这说明竞争会提升评级的信息价值。

表 7.6　　竞争影响债券评级的信息价值

变量	被解释变量：YS	
	(1)	(2)
Rating	-0.248 *** (-5.94)	-2.033 *** (-5.24)
HHI	-1.767 *** (-5.14)	-345.045 *** (-5.45)
HHI · Rating	0.091 *** (4.66)	18.556 *** (5.25)
HHI^2		792.010 *** (5.51)
HHI^2 · Rating		-43.021 *** (-5.37)
Maturity	0.315 (1.42)	0.261 (1.28)
Amount	-0.065 ** (-2.01)	-0.116 *** (-3.86)
constant	4.944 *** (6.72)	38.34 *** (5.53)
Obs	424	424
R-sq	0.583	0.657

注：括号中的值为 t 值，** 、*** 分别代表在 5% 、1% 水平上显著。

7.3.3　竞争程度对于评级水平的异质性影响

本部分使用模型（7.4）考察产权性质、市场化程度和法律环境对于评级和竞争关系的影响，回归结果如表 7.7 所示。

表 7.7 产权性质、市场化程度和法律环境对评级—竞争敏感度的影响

变量	被解释变量：Rating		
	(1)	(2)	(3)
HHI	1.322 *** (8.12)	1.227 *** (6.50)	0.0671 (0.50)
HHI · State	-0.715 *** (-4.30)		
State	1.760 *** (5.17)		
HHI · Market		-0.063 *** (-3.04)	
Market		0.151 *** (3.53)	
HHI · Law			0.045 *** (4.47)
Law			-0.104 *** (-4.27)
Asset	0.237 *** (17.56)	0.267 *** (20.37)	0.228 *** (15.76)
Fix	0.371 *** (6.52)	0.360 *** (6.20)	0.378 *** (6.19)
Revenue	0.068 *** (7.01)	0.059 *** (6.04)	0.073 *** (6.95)
Cashratio	0.011 *** (3.08)	0.010 *** (2.77)	0.012 *** (3.03)
Ebitda/Debt	0.448 *** (3.76)	0.438 *** (3.66)	0.671 *** (4.92)
Cash/Revenue	-0.078 (-0.80)	-0.069 (-0.70)	0.113 (0.72)
Ebitda/Interest	-0.056 (-0.71)	-0.079 (-0.99)	-0.218 ** (-2.15)
Leverage	0.004 *** (5.16)	0.003 *** (3.74)	0.006 *** (6.95)
Longdebt	0.001 *** (2.65)	0.002 *** (4.72)	0.002 *** (3.90)
Stock	0.443 *** (2.88)	0.412 *** (2.63)	0.559 *** (3.27)
Roa	0.013 *** (3.70)	0.009 ** (2.55)	0.002 (0.58)
constant	9.084 *** (25.93)	9.031 *** (21.87)	12.10 *** (30.28)
Obs	5671	5635	4363
R-sq	0.436	0.429	0.446

注：括号中的值为 t 值，** 、*** 分别代表在 5% 、1% 水平上显著。

列（1）中，HHI · State 系数为负并且显著，对于民营企业而言，竞争对评级的负向影响更大。主要的原因在于，相对于国有企业，民营企业因为债务融资方面的劣势，更有动力去购买高估的评级。而竞争程度的加剧会使评级机构提供更加准确的评级，故这种竞争程度对评级级别的负向作用对于民营企业而言更大。

列（2）中，HHI · Market 系数显著为负，对于处在较低市场化指数省份的公司而言，竞争对评级的负向影响要更大。这是由于在市场化程度更低的地区，投资者维护自身利益的意识更弱，从而使债券投资者通过诉讼约束评级高估行为的威胁变得不可信，不利于其对信用评级信息价值的监督。而当引入竞争机制后，可以更大程度上提高这类企业的信息价值，即降低评级高估的可能性。

列（3）中，交叉项 HHI · Law 系数显著为正，对于由处在较高法制化指数的评级机构所评级的公司而言，竞争对评级的负向影响要更大。这是由于信用评级业竞争机制的引入对评级信息价值的提升需要法律的支持。法制化指数更高的地区，信用评级条例的执行效率更高，法制健全能够为竞争作用的发挥提供一个更好的制度背景，使竞争更好地发挥其提升评级信息价值的作用。因此，处于法制化指数较高省份的评级机构，竞争更容易提高其评级的信息价值，故竞争程度对其负向影响更大。表 7.7 的结果与“假设 3”的预测一致。

7.3.4 信用评级业最优竞争程度探析

根据前面的分析可知，信用评级业竞争程度加剧有利于评级准确性的提升。本部分沿袭前面部分的研究，进一步考察中国信用评级业是否存在最优的竞争程度。

首先，本章沿用模型（7.5）对信用评级业竞争程度与债券评级级别和债券评级改变的关系进行初步分析，间接地考察评级业竞争程度的增加对评级准确性的影响，结果如表 7.8 所示。列（1）中，信用评级业竞争程度衡量指标赫芬达尔指数 HHI 的一次项系数显著，并且正向地影响评级水平，信用评级业的产业集中度越低，评级水平越低。列（4）中，赫芬达尔指数 HHI 的一次项系数仍旧显著为正，而二次项平方的系数显著为负，信用评级业的行业集中度与评级级别之间存在倒“U”形曲线关系。由于赫芬达尔指数的增大意味着行业集中度的提高和竞争程度的减弱，这里的结果说明信用评级业的竞争程度与评级级别之间存在“U”形关系。评级水平随着评级业竞争程度的加剧而先降后升，在评级业竞争程度较低的阶段，竞争程度的增加有利于降低评级被高估的可能性，但当竞争程度达到一定水平后，过度竞争只会带来评级高估。

表7.8　竞争程度对债券评级级别和评级改变的影响

变量	被解释变量：Rating				被解释变量：Change
	(1)	(2)	(3)	(4)	(5)
HHI	6.572*** (19.96)	6.249*** (12.15)	-9.899** (-2.37)	30.789*** (7.40)	95.048* (1.93)
HHI^2				-48.172*** (-5.84)	-195.856* (-1.73)
Asset	0.272*** (21.66)	0.153*** (6.03)	0.292*** (20.33)	0.268*** (21.36)	0.116** (2.36)
Fix	0.440*** (8.02)	0.293*** (2.67)	0.494*** (7.80)	0.438*** (8.00)	-0.115 (-0.65)
Revenue	0.055*** (5.96)	0.071*** (4.05)	0.068*** (6.25)	0.059*** (6.47)	-0.034 (-1.02)
Cashratio	0.011*** (2.89)	0.011** (2.45)	0.007 (1.24)	0.010*** (2.76)	-0.097 (-1.09)
Ebitda/Interest	-0.045 (-0.58)	-0.518** (-2.35)	-0.007 (-0.09)	-0.047 (-0.61)	-0.101 (-0.52)
Leverage	0.002** (2.45)	-0.001 (-0.91)	0.001 (1.32)	0.001** (1.99)	-0.002 (-0.68)
Longdebt	0.002*** (3.38)	0.002 (1.51)	0.002*** (3.56)	0.002*** (3.65)	0.005*** (2.83)
Stock	0.510*** (3.31)	0.444 (1.31)	0.523*** (3.06)	0.533*** (3.47)	-7.079 (-1.47)
Roa	0.018*** (6.95)	-0.001 (-0.15)	0.019*** (6.17)	0.017*** (6.54)	0.010 (1.18)
constant	10.49*** (85.93)	12.50*** (48.64)	13.28*** (15.83)	7.580*** (14.79)	-11.71** (-2.23)
Obs	5908	1328	4580	5908	170
R-sq	0.422	0.393	0.361	0.425	0.273

注：括号中的值为t值，*、**、***分别代表在10%、5%、1%水平上显著。

另外，列（5）考察评级改变与信用评级业竞争程度之间的关系，可以发现，赫芬达尔指数一次项HHI的系数显著为正，而二次项平方HHI^2的系数显著为负，评级改变与评级业竞争程度之间存在“U”形关系。结论与“假设4”的预测一致。

本章还验证了在不同时间段竞争程度的作用，将样本按时间分为2002～2010年和2011～2013年两个子样本，发现对于两个子样本来说，评级业竞争程度的系数是相反的。从列（2）可以看出，对于2011年前的子样本来说，赫芬达尔指数HHI的系数显著为正，评级业竞争程度每提高1个百分点，评级水平降低6.249%。从列（3）可以看出，对于2011年后的子样本来说，该系数迅速下降为负数，评级业竞争程度每提高1个百分点，评级水平提高9.899%。这说明2011年成为竞争程度与评级级别关系的转折点，2011年后，评级竞争程度对评级水平的影响从负向变为正向。这是因为在2011年前赫芬达尔指数HHI在0.220以上，竞争程度处于较低的阶段，此时竞争的加剧利于降低评级高估的发生。但是在2011年后，赫芬达尔指数HHI降低到0.220以下，此时竞争程度处于较高阶段，竞争程度的提升会加剧评级高估现象的发生。

其次，本部分沿用模型（7.6）分析竞争是否会影响评级的信息价值，直接考察竞争是否会影响评级的准确性，结果如表7.6的列（2）。在表7.6的列（2）中，赫芬达尔指数与评级的交叉项HHI·Rating的系数为正，行业集中度越高，债券收益率差价对评级越不敏感。赫芬达尔指数平方项与评级的交叉项HHI^2·Rating的系数显著为负，行业集中度与敏感度之间的关系呈现先下降后上升的“U”形关系，即评级业竞争程度与敏感度之间存在先上升后下降的倒“U”形关系。在竞争程度较低的阶段，随着竞争程度的加大，债券收益率差价对评级更为敏感，即评级的信息价值提高。但是当竞争程度到达一定程度后，竞争程度的提升只会引起债券收益率差价对评级敏感度的降低，意味着评级的信息含量减少。结果意味着信用评级的信息含量随着中国信用评级业竞争程度的加大呈现出先上升后下降的状态。列（2）的结果与“假设4”的预测一致。

7.4 稳健性检验

在前面，本章采用赫芬达尔指数来衡量市场竞争程度，但是实证结果会受到衡量指标准确性的影响。因此，为了控制市场竞争衡量指标选择对实证结果造成的影响，本章借鉴贝克尔和米尔本（Becker and Milbourn，2011）采用中诚信国际的市场份额衡量竞争程度来进行稳健性检验。

第一，本章使用中诚信国际市场份额对模型（7.2）进行回归，结果如表7.9所示。从列（1）和列（3）可以看出，Share的系数显著为正。

表7.9　　　竞争程度对债券评级水平和评级改变的影响

变量	被解释变量：Rating		被解释变量：Change	
	(1)	(2)	(3)	(4)
Share	0.328*** (20.75)	0.316*** (19.65)	0.649*** (6.79)	0.691*** (6.88)
Monopoly		0.089*** (4.41)		-0.081 (-1.34)
Asset	0.267*** (20.48)	0.256*** (19.13)	0.143*** (2.76)	0.150*** (2.88)
Fix	0.364*** (6.39)	0.356*** (6.24)	-0.203 (-1.16)	-0.211 (-1.20)
Revenue	0.062*** (6.35)	0.063*** (6.48)	-0.049 (-1.17)	-0.053 (-1.27)
Cashratio	0.009** (2.35)	0.008** (2.27)	-0.166* (-1.92)	-0.139 (-1.57)
Ebitda/Debt	0.429*** (3.59)	0.401*** (3.36)	1.437** (2.09)	1.258* (1.80)
Cash/Revenue	-0.055 (-0.56)	-0.040 (-0.40)	-0.613 (-0.19)	-0.702 (-0.22)
Ebitda/Interest	-0.084 (-1.06)	-0.107 (-1.34)	-0.149 (-0.80)	-0.113 (-0.61)
Leverage	0.002*** (3.02)	0.002*** (2.79)	0.001 (0.29)	0.001 (0.25)
Longdebt	0.002*** (3.90)	0.002*** (3.62)	0.006*** (3.30)	0.005*** (3.17)
Stock	0.483*** (3.13)	0.498*** (3.23)	-7.602 (-1.64)	-7.031 (-1.51)
Roa	0.007* (1.85)	0.008** (2.21)	-0.016 (-1.17)	-0.013 (-0.92)
constant	11.16*** (96.84)	11.27*** (93.22)	-2.214*** (-4.12)	-2.307*** (-4.27)
Obs	5671	5652	168	168
R-sq	0.431	0.434	0.358	0.365

注：括号中的值为t值，*、**、***分别代表在10%、5%、1%水平上显著。

中诚信国际属于中国信用评级业中垄断性评级机构之一，市场份额上升，意味着中国信用评级业垄断程度的加剧，市场份额下降，代表着中国信用评级业竞争程度的上升。在表7.9的列（1）和列（3）中，中诚信国际的市场份额Share的系数显著为正，评级业竞争程度越强，债券评级水平越低越容易出现降级，评级机构越不容易进行评级高估。结论与表7.5类似，假设1仍旧成立。

第二，本章用中诚信国际市场份额对模型（7.3）进行回归，结果如表7.10的列（1）所示。债券评级水平Rating的系数显著为负，中诚信国际的市场份额与债券评级水平的交叉项Share·Rating的系数显著为正。结果说明，随着中国信用评级业竞争程度的提升，债券信用评级对于债券收益率差价的影响力会上升，债券评级的信息含量升高。“假设2”仍旧成立。

表7.10　　竞争程度影响债券信用评级的信息价值

变量	被解释变量：YS	
	(1)	(2)
Rating	-0.174*** (-8.50)	-0.542*** (-5.40)
Share	-1.114*** (-7.38)	-86.807*** (-5.70)
Rating·Share	0.057*** (6.62)	4.578*** (5.31)
$Share^2$		192.660*** (5.86)
Rating·$Share^2$		-10.392*** (-5.64)
Maturity	0.350* (1.84)	0.334* (1.93)
Amount	-0.0993*** (-3.41)	-0.123*** (-4.57)
constant	3.527*** (9.94)	10.64*** (6.06)
Obs	424	424
R-sq	0.668	0.726

注：括号中的值为t值，*、***分别代表在10%、1%水平上显著。

第三，本章采用中诚信国际市场份额对模型（7.4）进行回归，结果如表7.11所示，Share·State的系数显著为负，Share·Market的系数显著为负，Share·Law的系数显著为正，“假设3”仍旧成立。

表 7.11　产权性质、市场化程度和法律环境对评级—竞争敏感度的影响

变量	被解释变量：Rating		
	(1)	(2)	(3)
Share	0.512 *** (7.88)	0.560 *** (6.80)	0.189 *** (2.87)
Share · State	-0.205 *** (-3.07)		
State	0.674 *** (5.20)		
Share · Market		-0.025 *** (-2.80)	
Market		0.069 *** (3.89)	
Share · Law			0.009 * (1.95)
Law			-0.024 * (-1.74)
Asset	0.232 *** (17.26)	0.261 *** (19.95)	0.230 *** (15.97)
Fix	0.360 *** (6.35)	0.341 *** (5.91)	0.373 *** (6.15)
Revenue	0.076 *** (7.77)	0.068 *** (6.96)	0.077 *** (7.28)
Cashratio	0.010 *** (2.82)	0.009 ** (2.46)	0.011 *** (2.89)
Ebitda/Eebt	0.437 *** (3.69)	0.428 *** (3.59)	0.666 *** (4.90)
Cash/Revenue	-0.052 (-0.53)	-0.037 (-0.38)	0.119 (0.76)
Ebitda/Interest	-0.074 (-0.93)	-0.094 (-1.19)	-0.239 ** (-2.36)
Leverage	0.003 *** (3.94)	0.002 ** (2.49)	0.005 *** (5.96)
Longdebt	0.001 *** (2.64)	0.002 *** (4.64)	0.002 *** (3.68)
Stock	0.462 *** (3.02)	0.424 *** (2.72)	0.538 *** (3.16)
Roa	0.010 *** (2.66)	0.005 (1.52)	-0.001 (-0.10)
constant	10.87 *** (65.72)	10.54 *** (51.91)	11.77 *** (42.70)
Obs	5671	5635	4363
R-sq	0.440	0.434	0.450

注：括号中的值为t值，*、**、*** 分别代表在10%、5%、1%水平上显著。

第四，本章采用中诚信国际的市场份额衡量竞争程度来对模型（7.5）进行回归，结果如表 7.12 所示。

表 7.12　　竞争程度影响债券评级水平和评级改变

变量	被解释变量：Rating			被解释变量：Change	
	(1)	(2)	(3)	(4)	(5)
Share	3.283*** (21.38)	3.162*** (20.24)	5.432*** (5.82)	6.116*** (6.48)	28.789** (2.58)
Monopoly		0.0839*** (4.29)			
Share^2			-4.018** (-2.33)		-51.735** (-2.04)
Asset	0.267*** (21.39)	0.259*** (20.12)	0.267*** (21.37)	0.111** (2.41)	0.109** (2.38)
Fix	0.427*** (7.83)	0.416*** (7.64)	0.432*** (7.92)	-0.0910 (-0.54)	-0.109 (-0.66)
Revenue	0.062*** (6.73)	0.0623*** (6.79)	0.0633*** (6.90)	-0.021 (-0.64)	-0.021 (-0.66)
Cashratio	0.010*** (2.64)	0.00934** (2.57)	0.009** (2.57)	-0.119 (-1.41)	-0.129 (-1.53)
Ebitda/Interest	-0.057 (-0.74)	-0.0770 (-1.00)	-0.060 (-0.78)	-0.089 (-0.49)	-0.043 (-0.24)
Leverage	0.0007 (1.11)	0.000658 (1.03)	0.0005 (0.78)	-0.003 (-1.27)	-0.003 (-1.27)
Longdebt	0.001*** (3.09)	0.00132*** (2.81)	0.001*** (3.06)	0.005*** (3.18)	0.005*** (3.00)
Stock	0.525*** (3.42)	0.540*** (3.53)	0.536*** (3.49)	-7.125 (-1.55)	-7.059 (-1.55)
Roa	0.015*** (5.57)	0.0154*** (5.83)	0.014*** (5.21)	0.007 (0.91)	0.006 (0.72)
constant	11.25*** (100.69)	11.35*** (97.09)	11.00*** (70.03)	-1.795*** (-3.54)	-4.166*** (-3.29)
Obs	5908	5889	5908	170	170
R-sq	0.427	0.431	0.428	0.333	0.350

注：括号中的值为 t 值，**、*** 分别代表在 5%、1% 水平上显著。

在表 7.12 的列（3）中，赫芬达尔指数 HHI 的一次项系数仍旧显著为正，而二次项平方的系数为负，信用评级业的竞争程度与评级级别之间存在“U”形关系。评级水平随着评级业竞争程度的加剧而先降后升。列（5）中，赫芬达尔指数 HHI 的一次项系数和二次平方项系数分别显著为正和负，评级也随着评级业竞争程度的加剧先降级后升级。“假设 4”仍旧成立。

第五，本章采用中诚信国际的市场份额衡量竞争程度来对模型（7.6）进行回归，结果如表7.10的列（2）所示。列（2）中，赫芬达尔指数与评级的交叉项HHI·Rating的系数显著为正，赫芬达尔指数平方项与评级的交叉项HHI^2·Rating的系数显著为负。评级信息价值随着评级业竞争程度的增加先升后降。“假设4”仍旧成立。

总之，本章在使用中诚信国际市场份额代替赫芬达尔指数来衡量信用评级业的竞争程度后，主要的实证结果未发生改变，证明了本章结论的稳健性。

7.5　本章小结

根据传统产业组织理论，市场结构会影响市场行为和绩效。中国信用评级业到底该采取何种类型的市场结构有利于其更加有效的运行是本章研究的重点。美国的信用评级业是以标准普尔、穆迪和惠润为主的垄断式结构，而中国的信用评级业虽然有大公国际、中诚信国际、联合资信等大型评级机构，一些小型的评级机构如鹏元也迅速发展起来，市场竞争程度逐渐加剧。

对于何种市场结构有利于提升评级质量，相关研究可以分为两种不同的观点，分别是“垄断有利说”和“竞争有利说”。“垄断有利说”认为，垄断式的市场结构能够避免竞争所导致的评级高估和评级选购行为。“竞争有利说”则认为，垄断式的市场结构会使评级机构具有垄断力量，成为售卖管制性证书的机构，引入竞争机制会提升评级的准确性。

本章采用2002~2013年的债券信用评级数据，研究中国信用评级业竞争程度对于债券信用评级水平和信息价值的影响，主要的结论有：第一，中国信用评级业竞争程度越大，债券评级越不容易高估，评级越不容易升级。第二，中国信用评级业竞争程度的提升有利于债券评级信息价值的提升。第三，对于民营企业和市场化指数更低地区所在企业，对于由法律环境更好地区所在评级机构进行评级的企业而言，中国信用评级业竞争程度对评级水平的影响更大。第四，评级水平与中国信用评级业竞争程度之间呈现“U”形关系。债券收益率差价对评级的敏感度，即信用评级的信息价值与中国信用评级业竞争程度呈倒“U”形曲线关系，且赫芬达尔指数0.216为曲线的拐点，该点为中国信用评级业竞争程度的最优水平。

本章的实证结果表明，中国信用评级业的健康发展与中国信用评级业的市场结构息息相关。随着中国信用评级业竞争程度的提升，评级业竞争程度对评级准确性的影响呈现先改善后恶化的趋势，存在最优的竞争水平。中国信用评级业存在的进入壁垒意味着一定程度的垄断是合理的，适度竞争是一种必然。虽然竞争有利于中国信用评级准确性的提升，但是这要在有序竞争的前提之下，无序的竞争只会导致评级业的混乱现象。为此，监管部门应当加强市场准入，限制新进入者的数量，形成优胜劣汰机制，从而保证现有信用评级机构免受过度竞争的压力。

截至目前，本书在第 3 章、第 4 章、第 5 章分别从主权信用评级对国家经济增长、主体信用评级对企业并购支付方式、债券信用评级与债券融资成本三个方面探讨了信用评级业提供的三种类型评级所具有的功能。然后通过第 6 章研究了中国信用评级业存在的周期性行为缺陷。针对中国信用评级业的内生性缺陷，本书在第 7 章从改善中国信用评级业市场结构角度提出解决方案。接下来本书将得出研究结论，并且给出相应的政策建议，提出未来的研究展望。

第8章　研究结论、政策建议与研究展望

8.1　研究结论

本书对信用评级业的功能、缺陷与市场结构做了较为系统的研究，首先考察信用评级业提供的主权信用评级、主体信用评级和债券信用评级这三种类型评级所具有的功能；其次研究中国信用评级业存在的周期性行为缺陷；最后探索中国信用评级业最优市场结构以解决评级业存在的缺陷和约束评级机构提供准确的评级。具体而言，本书的主要结论如下。

第一，信用评级业提供的主权信用评级可以向投资者传递关于国家信用风险的信息，具有引导资源在国家间配置的功能。主权信用评级能够通过影响国家债务融资成本和资本流动进而作用于欧元区本国及其他国家的经济增长率。主权升级会带来本国经济增长率的提升，主权降级会导致本国经济增长率下降。在债务危机时期，主权降级对于本国经济增长率的影响力更小。一国的主权降级能够影响欧元区其他国家，造成其他国家经济增长率的下降。在债务危机时期，主权降级对于欧元区其他国家的影响力更弱。一国的主权升级不会影响欧元区其他国家的经济增长率。对于高贸易赤字率、经济规模更小、实际评级改变、加入欧元区前和主权评级水平低于A1级的国家来说，主权降级对于本国经济增长的影响力更强。对于评级改变次数更多的国家而言，主权升级对于本国经济增长的影响力更强。

第二，信用评级业提供的主体信用评级具有缓解企业债务融资约束和提升债务融资能力的功能，进而影响企业并购支付方式的选择。具有主体信用评级的并购方在并购交易价格中现金支付比例更高，且更容易选择现金作为支付方式。主体评级水平越高的并购方会支付更高比例的现金，且更倾向于采用现金支付。当并购目标公司的信息不对称程度变大时，主体信用评级存

在性对现金支付方式的正向影响力变小。

第三，信用评级业提供的债券信用评级具有降低资本市场信息不对称的功能，进而影响中小企业私募债的融资成本。高债券信用评级能够降低中小企业私募债的融资成本，并且对于民营中小企业发行的私募债和没有披露财务信息的私募债而言，信用评级的融资成本效应更大。从担保机制上看，具有担保的私募债融资成本更高，由担保机构进行担保的私募债融资成本低于由普通企业及其他进行担保。实证结果表明，信用评级有利于缓解中小企业私募债发行的逆向选择问题。

第四，中国信用评级业存在周期性行为缺陷。相比于经济萧条期，在经济繁荣期，信用评级业进行评级高估的可能性更大，信用评级水平具有顺周期性。进一步地，在经济繁荣期，信用评级对债券一级市场和二级市场的影响力，即信用评级的信息价值更小，信用评级的信息价值具有逆周期性。综合这两个层次的分析说明，在经济繁荣期，信用评级机构更容易进行评级高估和评级信息含量下跌，这容易给投资者的投资决策造成误导，使投资者无法发现债券隐含的风险。

第五，针对信用评级业存在的缺陷，在中国信用评级业中引入竞争机制有利于提升信用评级的准确性，并且评级业的竞争程度存在最优点。实证结果表明，中国信用评级业竞争程度越大，评级水平越低，且发生降级的可能性越大，即市场竞争降低了评级被高估的可能性。通过借鉴信用评级的信息价值模型进一步研究发现，债券收益率差价对信用评级的敏感度随着竞争程度的增加而增加，说明市场竞争有利于提高信用评级的信息价值。上述两个方面结果表明，竞争程度的加剧有利于提高评级的准确性，从而验证了“竞争有利说”。对于民营企业以及市场化水平更低的地区所在企业以及由法制化水平更高地区所在评级机构进行评级的企业而言，竞争对于评级准确性的正面效应更大。另外，本书探讨了中国信用评级业的竞争程度是否存在适度性。结果发现，评级水平与竞争程度之间存在“U”形关系。债券收益率差价对信用评级的敏感度，即评级的信息价值与竞争程度之间存在倒“U”形关系。综合这两个层次的分析说明，在竞争程度较低的阶段，竞争程度的增加有利于降低评级高估的可能性并提升评级的信息价值，即提高评级的准确性。但是当竞争程度达到一定限度后，竞争程度的增大反而会造成评级准确性的下降。因此，信用评级业应采取适度竞争的市场结构。

8.2　政策建议

本书对于信用评级业提供的主权评级、主体评级和债券评级这三种类型信用评级在国家经济增长、公司财务安排和资本市场运行中更好地发挥其功能有重要启示，同时也对于解决信用评级业存在的内生性缺陷和市场结构调整有较强的启示意义。在上述理论分析和实证检验中所获取结论的基础上，本书引申出以下建议。

第一，重视信用评级业提供的主权信用评级、主体信用评级和债券信用评级这三种类型评级所具有的重大功能，引导信用评级业更好地发挥其作用。

首先，第3章的实证结论表明，国家信用评级业提供的主权信用评级可以向投资者传递关于国家信用风险的信息，具有引导资源在国家间配置的功能，从而影响国家经济增长。为了使主权信用评级更好地发挥其功能，提高国际评级业的评级质量，本书有以下建议：监管部门应该引入更多的信用评级机构打破国际信用评级业以标准普尔、穆迪和惠润为主的垄断格局；政府应该鼓励更多的投资者付费模式评级机构的成立，同时准许这些机构进入评级市场，从而带来更高的评级质量；监管部门应该加强对于国际评级机构的监管和出台相应的法律，对于提供不准确评级的评级机构给予惩罚措施，从而约束评级机构的行为。

其次，第4章的实证结论证明，中国信用评级业提供的主体信用评级具有缓解企业的融资约束和提升企业债务融资能力的功能，从而影响企业并购支付方式的选择。因此，监管部门应该对于评级机构的建立和发展实施优惠政策，给予评级机构补贴；信用评级机构加大提供的主体评级数量，提升市场份额，使更多的公司受益；政府为公司获取主体评级的费用提供补贴或者是由政府负担评级费用，从而鼓励更多的企业从评级机构购买主体评级，这有利于降低企业的债务融资约束，提升企业在并购活动中的效率。

最后，第5章的实证结论证明，中国信用评级业提供的债券信用评级具有缓解资本市场信息不对称的功能，从而能够降低中小企业私募债的融资成本。中国债券市场风险凸显，超日债等债券违约事件的发生打破了中国债券市场刚性兑付的历史，地方政府融资平台发行的城投债风险积聚，投资者急需准确的债券评级以识别债券中隐含的信用风险。因此，为了使债券市场更加有效地运行，国家应加大对信用评级机构的支持力度，提升本土评级机构的公信力，将更多债券评级引入债券市场，促进债券市场的发展；在债券市场中存在多种债券类型，例如公司企业债、中期票据、短期融资券、中小企业私募债、城投债和结构化金融产品等。信用评级机构应根据不同类型债券的特殊情况制定一套适合债券的评级标准，从而准确地对于各种类型债券做出信用风险评估。

第二，监管部门采取措施解决中国信用评级业存在的周期性行为缺陷。

第6章证实了中国信用评级机构在经济繁荣期容易出现评级高估和评级信息含量的下降。为此中国信用评级业的改革应将经济环境纳入机制内，主要考虑三个方面：首先，监管部门应该在不同的经济环境下采取不同的措施来对评级机构进行监管。在经济繁荣期，声誉约束机制作用更小，评级机构有更强的动力高估评级和降低评级的信息价值，故监管部门在经济繁荣时期应该加大对评级机构的监督力度来补充声誉机制的缺失，降低信用评级机构在经济繁荣期的利益冲突行为，从而使评级机构提供有价值的准确评级。其次，监管当局应尽快出台专门针对信用评级的法律法规，使评级业更加规范化，同时提高相关法规的执行力度，为评级业营造更好的法律环境。最后，中国信用评级业的周期性行为缺陷在一定程度上与评级机构的发行人付费模式有关，监管部门应该鼓励更多的投资者付费模式评级机构成立，从而带来更高的评级质量。

第三，针对信用评级业存在的缺陷，建立合理的中国信用评级业市场结构，从而约束评级机构的行为，提升评级准确性。

中国信用评级业的健康发展与评级业的市场结构息息相关。随着评级业竞争程度的提升，评级业竞争程度对评级准确性的影响呈现先改善后恶化的趋势，存在最适的竞争水平。因此，为了使信用评级机构更好地发挥金融中介的作用，在更大范围内降低金融市场的信息不对称程度，本书对中国评级业的改革与发展提出以下建议：首先，培育和维护信用评级业适度的竞争机制，提升声誉机制的有效性，约束评级机构提高评级质量。本书的结果证明，只要不超过临界点，评级业竞争程度的提升对评级准确性是有利的，因此，监管部门应该在评级业中允许竞争的存在。中国信用评级业进入壁垒的存在意味着一定程度的垄断是合理的，评级业应当采取适度竞争的市场结构。只有在有序竞争的前提下，竞争才有利于中国信用评级准确性的提升，无序竞争只会导致评级业的混乱现象。为此，监管部门应当设置适当的进入壁垒，并且限制新进入信用评级业的机构数量，使评级业不会受到过度竞争的压力。其次，为竞争机制功能的有效发挥提供配套机制。从法律上看，监管当局应尽快出台专门针对信用评级的法律法规，使评级业更加规范化，为评级业营造更好的法律环境；从产权性质上看，监管部门应该更加重视针对民营企业的信用评级管理；从债券违约上看，政府应减少对债券市场违约的干预，使市场化违约的声誉机制能够真正发挥其对信用评级机构的约束作用。

8.3 研究展望

8.3.1 不足之处

虽然本书对于信用评级业的功能、缺陷与市场结构进行了尝试性的创新研究，但是在研究对象、研究选题和研究方法仍旧存在不足之处。

第一，研究对象。本书在考察债券信用评级的功能时，采用的是信息不对称严重的中小企业私募债，但是中国债券市场上存在其他特殊的债券类型。同时，信用评级业的缺陷不仅仅包括周期性行为，信用评级业缺陷的解决方案也不仅仅包括建立合理的信用评级业市场结构。这些都是本书未来需要补充的研究内容。

第二，研究选题。本书在研究主权信用评级功能时考察的是对于国家经济增长的影响，但是并没有实证检验主权评级如何通过影响国家债务融资成本和资本流动进而影响经济增长的传导机制。主权信用评级对微观经济主体行为也有一定的影响力，这在本书的研究中并未涉及。另外，主体信用评级不仅与债务融资约束、并购支付方式有关，而且与公司治理、资本结构多种公司财务安排相关联，这需要中国制度背景下的实证检验证据。

第三，研究方法。本书采用的主要是实证分析方法，但是国外先进信用评级业的研究范式是以实证检验和理论模型两种方法为主，因此，本书在未来需要构建理论模型对于信用评级业的相关问题做更加深入的分析。

8.3.2 未来研究计划

在未来的研究中，计划从五个方面对现有的研究做进一步拓展。

第一，拓展信用评级业提供的主权信用评级所具有的功能相关研究。本书在研究主权信用评级的功能时考察的是对于国家经济增长的影响，本书未来打算将研究对象扩展至微观经济主体，如主权评级对于公司债务融资成本的影响力。同时，本书在未来将采用实证检验的方法揭示主权评级如何通过影响国家债务融资成本与资本流动进而影响经济增长的传导机制。

第二，拓展信用评级业提供的主体信用评级所具有的功能相关研究。本书在考察主体信用评级的功能时，仅考察了缓解债务融资约束的功能，但是实际上主体评级与多种公司财务活动具有相关性。本书在未来可以进一步拓展的方向是结合中国制度背景检验主体评级与公司财务安排的公司治理、资本结构的关系，从而发现主体评级的其他功能。

第三，拓展信用评级业提供的债券信用评级所具有的功能相关研究。本书在考察债券信用评级的功能时，考察的是债券评级对于严重信息不对称的中小企业私募债融资成本的影响。但是在中国债券市场上，存在其他特殊的债券类型，例如中小企业集合债、地方政府融资平台发行的城投债。同时，在国外信用评级业的先进研究范式中，更多开始关注发行过程复杂的 MBS 和 CDS 等结构化金融产品。因此，本书计划将债券信用评级功能的研究对象扩充到中国债券市场上这些特殊的债券类型，探讨这些类型债券的评级特点、异质性及债券评级发挥的功能。

第四，拓展信用评级业具有的缺陷相关研究。从研究对象上看，本书对于评级业缺陷的研究重点集中于周期性行为上，但是信用评级业的缺陷不仅仅包括周期性行为，还包括声誉机制的无效性、评级高估和选购评级、利益冲突等，研究这些缺陷在理论上具有可行性。从研究方法上看，现有国外前沿文献在探讨国际信用评级业缺陷时不仅利用数据进行实证检验，而且还采用建立理论模型的方法。本书在未来打算借鉴国外先进信用评级业的研究范式，采用构建理论模型的方法，对信用评级业的缺陷做更加深入的分析。

第五，拓展信用评级业缺陷的解决方案相关研究。从研究对象上看，信用评级业缺陷的解决方案不仅包括建立合理的信用评级业市场结构，还存在加强监管、采用投资者付费模式等方式。本书计划针对这些解决方法做进一步分析。从研究方法上看，国外针对国际信用评级业缺陷解决办法的相关研究更多是采用实证分析和理论模型相结合的方法。本书计划采用构建理论模型的方法做进一步分析。

主要参考文献

[1] 蔡万科，唐丁祥．中小企业债券市场发展：国际经验与创新借鉴［J］．证券市场导报，2011（12）：58－64.

[2] 曹萍．美国高收益债券风险特征与投资者保护机制探讨［J］．证券市场导报，2013（2）：59－65.

[3] 陈三毛．美国信用评级业及其未来的监管政策调整［J］．当代财经，2009（3）：62－66.

[4] 陈腾龙，薛文忠．发展中小企业高收益债券市场的问题及建议［J］．证券市场导报，2012（6）：73－77.

[5] 陈颖健．高收益债券监管的法律问题研究——超越私募和公募界限的制度设计［J］．证券市场导报，2012（10）：4－13.

[6] 樊纲，王小鲁，朱恒鹏．中国市场化指数——各地区市场化相对进程2011年报告［M］．北京：经济科学出版社，2011.

[7] 范彦君，董裕平．主权评级对市场影响的实证分析［J］．国际金融研究，2012（5）：4－11.

[8] 冯丽娜．高收益债券：破解中小企业融资难题的可选途径［J］．投资研究，2013（4）：147－153.

[9] 冯乾，杨景坛，吴治军．主权信用评级与股票市场溢出效应：来自欧洲债务危机的经验证据［J］．投资研究，2014（8）：99－108.

[10] 高汉．美国信用评级机构的责任演变与监管发展——从安然事件到次贷危机［J］．华东政法大学学报，2010（5）：150－157.

[11] 葛伟杰，张秋生，张自巧．支付方式，融资约束与并购溢价研究［J］．证券市场导报，2014（1）：40－47.

[12] 龚宇．美国信用评级业监管体制之变迁——“次贷危机”下的反思［J］．证券市场导报，2008（7）：57－59.

[13] 郭娜. 政府？市场？谁更有效——中小企业融资难解决机制有效性研究 [J]. 金融研究, 2013 (3): 194－206.

[14] 郭亚静, 吴念鲁. 主权信用评级对证券市场的影响研究述评 [J]. 当代财经, 2012 (9): 121－127.

[15] 何君光, 陈佳. 发展中小企业高收益债券若干问题的探讨 [J]. 经济学动态, 2010 (7): 78－80.

[16] 何平, 金梦. 信用评级在中国债券市场的影响力 [J]. 金融研究, 2010 (4): 15－28.

[17] 何伟, 周晓志. 中国信用评级机构发展状况分析 [J]. 上海金融, 2009 (5): 94－95.

[18] 胡翠, 许召元. 对外负债与经济增长 [J]. 经济研究, 2011 (2): 19－30.

[19] 黄国平. 评级功能视角下的利益冲突和付费模式 [J]. 证券市场导报, 2012 (10): 60－67.

[20] 黄余送, 黄光磊. 主权信用评级与金融安全 [J]. 经济理论与经济管理, 2010 (10): 41－45.

[21] 李大武. 中小企业融资难的原因剖析及对策选择 [J]. 金融研究, 2001 (10): 124－131.

[22] 李广子, 刘力. 债务融资成本与民营信贷歧视 [J]. 金融研究, 2009 (12): 137－150.

[23] 李琦, 罗炜, 谷仕平. 企业信用评级与盈余管理 [J]. 经济研究, 2011 (S2): 88－99.

[24] 李双燕, 汪晓宇. 控制权稀释威胁影响上市公司并购支付方式选择吗 [J]. 当代经济科学, 2012 (3): 58－66.

[25] 李训, 李萍, 刘涛. 美国高收益债券市场对中国中小企业私募债券的借鉴与启示 [J]. 财经理论与实践, 2013 (2): 45－48.

[26] 李增福. 信用评级收费模式: 机制与选择 [J]. 上海金融, 2008, (1): 36－39.

[27] 刘娥平, 施燕平. 盈余管理, 公司债券融资成本与首次信用评级 [J]. 管理科学, 2014 (5): 91－103.

[28] 刘莉亚. 主权评级, 债务困境与货币危机: 对新兴市场国家的经验研究 [J]. 世界经济, 2007 (12): 18－27.

[29] 刘淑莲，张广宝，耿琳．并购对价方式选择：公司特征与宏观经济冲击［J］．审计与经济研究，2012（4）：55－65.

[30] 刘树成．论中国经济周期波动的新阶段［J］．经济研究，1996（11）：3－10.

[31] 刘树成．新中国经济增长60年曲线的回顾与展望——兼论新一轮经济周期［J］．经济学动态，2009（10）：3－10.

[32] 刘树成，等．中国经济周期研究报告［M］．北京：社会科学文献出版社，2006.

[33] 刘晓剑，张强．信用评级机构监管的演化动态博弈分析［J］．财经理论与实践，2011（6）：32－34.

[34] 柳永明．美国对信用评级机构的监管：争论与启示［J］．上海金融，2008（12）：57－61.

[35] 马林影，赵放．国际信用评级机构在危机中的行为分析及启示［J］．国际贸易问题，2013（1）：47－57.

[36] 马榕，石晓军．中国债券信用评级结果具有甄别能力吗？——基于盈余管理敏感性的视角［J］，经济学（季刊），2015（1）：197－216.

[37] 聂飞舟．后金融危机时代信用评级机构的改革出路［J］．上海金融，2011（2）：23－28.

[38] 彭宇松．我国信用评级业的发展困境与监管启示——基于信誉机制理论的视角［J］．财经科学，2011（9）：32－39.

[39] 沈红波，廖冠民．信用评级机构可以提供增量信息吗——基于短期融资券的实证检验［J］．财贸经济，2014（8）：62－70.

[40] 沈洪明．转型经济条件下民营中小企业融资和企业信用［J］．管理世界，2006（10）：162－163.

[41] 苏文兵，李心合，李运．公司控制权，信息不对称与并购支付方式［J］．财经论丛，2009（5）：67－73.

[42] 孙天琦，张观华．银行资本，经济周期和货币政策文献综述［J］．金融研究，2008（1）：191－205.

[43] 田益祥，陆留存，李成刚，等．主权信用评级变动对股票，债券和信贷市场的冲击比较——基于国际面板数据动态模型的实证检验［J］．投资研究，2013（4）：72－80.

[44] 田益祥，陆留存．主权信用评级影响因素的长短期效应检验及对

策——评级下调冲击经济的非对称效应启示［J］. 中国软科学，2011（12）：46－56.

［45］王健，方健雯，窦菲菲．欧元区国家主权信用违约掉期价格的决定性因素研究［J］. 世界经济，2013（4）：88－110.

［46］王雄元，张春强．声誉机制、信用评级与中期票据融资成本［J］. 金融研究，2013（8）：151－164.

［47］吴风云，赵静梅．论美国证券信用评级霸权［J］. 世界经济，2006（12）：44－51.

［48］夏凡，姚志勇．评级高估与低估：论国际信用评级机构顺周期行为［J］. 金融研究，2013（2）184－193.

［49］杨大楷，王鹏．信用评级前的盈余管理——来自中国信用债券市场的经验证据［J］. 证券市场导报，2014（4）：23－28.

［50］杨晓龙．基于技术效率视角的欧元区国家主权债务危机原因分析［J］. 国际金融研究，2012（12）：47－57.

［51］应娟，张益新．信用评级机构收费模式探讨［J］. 上海金融，2006（6）：73－75.

［52］袁敏，郭冰．短期融资券评级有用吗？［J］. 证券市场导报，2007（11）：25－29.

［53］张强，张宝．金融危机背景下我国信用评级机构声誉机制研究［J］. 经济经纬，2010（1）：150－154.

［54］张自力．欧洲高收益债券市场违约风险监管研究［J］. 证券市场导报，2012（4）：6－12.

［55］钟爱贞，王显忠．着力利用中小企业私募债解决江西中小企业融资难问题［J］. 金融与经济，2013（12）：41－43.

［56］周敏．对中小企业私募债券发展模式的思考与建议［J］. 证券市场导报，2013（5）：73－78.

［57］朱松．债券市场参与者关注会计信息质量吗？［J］. 南开管理评论，2013（3）：16－25.

［58］Afonso A，Furceri D，Gomes P. Sovereign Credit Ratings and Financial Markets Linkages：Application to European Data［J］. Journal of International Money and Finance，2012，31（3）：606－638.

［59］Afonso A，Gomes P，Taamouti A. Sovereign Credit ratings，Market

Volatility, and Financial Gains [J]. Computational Statistics & Data Analysis, 2014, 76 (C): 20-33.

[60] Akerlof G A. The Market for "Lemons": Quality Uncertainty and the Market Mechanism [J]. The Quarterly Journal of Economics, 1970, 84 (3): 488-500.

[61] Alali F, Anandarajan A, Jiang W. The Effect of Corporate Governance on Firm's Credit Ratings: Further Evidence Using Governance Score in the United States [J]. Accounting & Finance, 2012, 52 (2): 291-312.

[62] Ali A, Zhang W. Proximity to Broad Credit Rating Change and Earnings Management [R]. SSRN Working Paper Series, 2008.

[63] Almeida H, Campello M, Weisbach M S. The Cash Flow Sensitivity of Cash [J]. The Journal of Finance, 2004, 59 (4): 1777-1804.

[64] Almeida H, Cunha I, Ferreira M A, et al. The Real Effects of Sovereign Credit Rating Downgrades [R]. Research Paper, 2014.

[65] Altman E I. Market Dynamics and Investment Performance of Distressed and Defaulted Debt Securities [R]. New York University, Center for Law and Business Working Paper, 1998.

[66] An H H, Chan K C. Credit Ratings and IPO Pricing [J]. Journal of Corporate Finance, 2008, 14 (5): 584-595.

[67] Arezki R, Candelon B, Sy A N R. Sovereign Rating News and Financial Markets Spillovers: Evidence from the European Debt Crisis [R]. IMF Working Papers, 2011.

[68] Arteta C, Hale G. Sovereign Debt Crises and Credit to the Private Sector [J]. Journal of International Economics, 2008, 74 (1): 53-69.

[69] Ashbaugh-Skaife H, Collins D W, LaFond R. The Effects of Corporate Governance on Firms' Credit Ratings [J]. Journal of Accounting and Economics, 2006, 42 (1): 203-243.

[70] Ashcraft A, Goldsmith-Pinkham P, Vickery J. MBS Ratings and the Mortgage Credit Boom [R]. Federal Reserve Bank of New York Staff Reports (449), 2010.

[71] Baghai R P, Servaes H, Tamayo A. Have Rating Agencies Become More Conservative? Implications for Capital Structure And Debt Pricing [J]. The

Journal of Finance, 2014, 69 (5): 1961 -2005.

[72] Bain J S, Industrial Organization [M]. New York: Wiley, 1968.

[73] Baker H K, Mansi S A. Assessing Credit Agencies by Bond Issuers and Institutional Investors [J]. Journal of Business Finance & Accounting, 2002, 29 (9 -10): 1367 -1398.

[74] Bar-Issac H, Shapiro J. Ratings Quality Over the Business Cycle [J]. Journal of Financial Economics, 2013, 108 (1): 62 -78.

[75] Bauer C, Herz B, Karb V. Another Twin Crisis: Currency and Debt Crisis [J]. Macroeconomics, 2005, 54 (3): 248 -267.

[76] Baum C F, Karpava M, Schäfer D, et al. Credit Rating Agency Downgrades and the Eurozone Sovereign Debt Crises [J]. 2014.

[77] Baumol W J, Panzar J C, Willing R D. Contestable Markets and the Theory of Industry Structure [M]. New Youk: Harcourt Brace Jovanovich Ltd. , 1982.

[78] Becker B, Milbourn T. How did Increased Competition Affect Credit ratings? [J]. Journal of Financial Economics, 2011, 101 (3): 493 -514.

[79] Benmelech E, Dlugosz J. The Credit Ratings Crisis, NBER Macro-economics Annual 2009 [M]. University of Chicago Press, 2010.

[80] Bernal O, Girard A, Gnabo J Y. The Importance of Conflicts of Interest in Attributing Sovereign Credit Ratings [J]. SSRN Working Paper Series, 2015.

[81] Besanko D, Thakor A V. Collateral and Rationing: Sorting Equilibrium in Monopolistic and Competitive Credit Markets [J]. International Economic Review, 1987, 28 (3): 671 -689.

[82] Bester H. Screening vs. Rationing in Credit Markets with Imperfect Information [J]. The American Economic Review, 1985, 75 (4): 850 -855.

[83] Bhojraj S, Sengupta P. Effect of Corporate Governance on Bond Ratings and Yields: The Role of Institutional Investors and Outside Directors [J]. The Journal of Business, 2003, 76 (3): 455 -475.

[84] Bolton P, Freixas X, Shapiro J. The Credit Ratings Game, The Journal of Finance [J]. 2012, 67 (1): 85 -111.

[85] Bongaerts D, Cremers K J, Goetzmann W N, Tiebreaker: Certification and Multiple Credit Ratings [J]. The Journal of Finance, 2012, 67 (1):

113 – 152.

[86] Bonnet A. Underratings and Procyclical Phenomena Produced by Credit Rating Agencies on Sovereign-Debt Markets: the Case of the 2010 European Sovereign Debt Crisis [R]. 2014.

[87] Boot A W A, Thakor A V, Udell G F. Secured Lending and Default Risk: Equilibrium Analysis: Policy Implications and Empirical Results [J]. The Economic Journal, 1991, 101 (406): 458 – 472.

[88] Bouvard M, Levy R. Humouring Both Parties: a Model of Two – Sided Reputation [R]. Job Market Paper, 2009.

[89] Brooks R, Faff R W, Hillier D, et al. The National Market Impact of Sovereign Rating Changes [J]. Journal of Banking & Finance, 2004, 28 (1): 233 – 250.

[90] Brooks R, Faff R, Treepongkaruna S, et al. Do Sovereign Re-Ratings Destabilize Equity Markets During Financial Crises?: New Evidence From Higher Return Moments [J]. Journal of Business Finance & Accounting, 2015, 42 (5 – 6): 777 – 799.

[91] Bulow J, Rogoff K. Sovereign Debt Repurchases: No Cure for Overhang [R]. National Bureau of Economic Research, 1989.

[92] Butler A, Cornaggia K. Rating Through the Relationship: Soft Information and Credit Ratings [R]. SSRN Working Paper Series, 2012.

[93] Butler A W, Rodgers K J. Relationship Rating: How Do Bond Rating Agencies Process Information? [R]. SSRN Working Paper Series, 2003.

[94] Camanho N, Deb P, Liu Z. Credit Rating and Competition [C]. 22nd Australasian Finance and Banking Conference, 2009.

[95] Cantor R, Packer F. Determinants and Impact of Sovereign Credit Ratings [J]. Economic Policy Review, 1996, 2 (2): 37 – 53.

[96] Carling K, Jacobson T, Lindé J, et al. Corporate Credit Risk Modeling and the Macroeconomy [J]. Journal of Banking & Finance, 2007, 31 (3): 845 – 868.

[97] Carvalho R F B. Sovereign Credit Rating Downgrades: an Event Study for European Countries [J]. 2015.

[98] Cavallo E A, Powell A, Rigobón R. Do Credit Rating Agencies Add

Value? Evidence from the Sovereign Rating Business Institutions [J]. SSRN Working Paper Series, 2008.

[99] Chemmanur T J, Paeglis I, Simonyan K. The Medium of Exchange in Acquisitions: Does the Private Information of Both Acquirer and Target Matter? [J]. Journal of Corporate Finance, 2009, 15 (5): 523 – 542.

[100] Chen S S, Chen H Y, Chang C C, et al. The Relation between Sovereign Credit Rating Revisions and Economic Growth [J]. Journal of Banking & Finance, 2016, 64: 90 – 100.

[101] Cornaggia J, Cornaggia K J, Estimating the Costs of Issuer-Paid Credit Ratings [J]. Review of Financial Studies, 2013, 26 (9): 2229 – 2269.

[102] Correa R, Lee K H, Sapriza H, et al. Sovereign Credit Risk, Banks' Government Support, and Bank Stock Returns Around The World [J]. Journal of Money, Credit and Banking, 2014, 46 (s1): 93 – 121.

[103] De Santis R A. The Euro Area Sovereign Debt Crisis: Safe Haven, Credit rating Agencies and the Spread of the Fever from Greece, Ireland and Portugal [R]. SSRN Working Paper Series, 2012.

[104] De Vries T, De Haan J. Credit Ratings and Bond Spreads of the GIIPS [J]. Applied Economics Letters, 2016, 23 (2): 107 – 111.

[105] DeBoskey D G, Gillett P R, The Impact of Multi-Dimensional Corporate Transparency on Us Firms' Credit Ratings and Cost of Capital [J]. Review of Quantitative Finance and Accounting, 2013, 40 (1): 101 – 134.

[106] Demirguc-Kunt A, Maksimovic V. Institutions, Financial Markets and Firm Debt Maturity [J]. Journal of Financial Economics, 1999, 54 (3): 295 – 336.

[107] Demirtas K O, Cornaggia K R. Initial Credit Ratings and Earnings Management [J]. Review of Financial Economics, 2013, 22 (4): 135 – 145.

[108] Denis D J, Mihov V T. The Choice among Bank Debt, Non-Bank Private Debt and Public Debt: Evidence from New Corporate Borrowings [J]. Journal of financial Economics, 2003, 70 (1): 3 – 28.

[109] Doherty N A, Kartasheva A V, Phillips R D. Information effect of Entry into Credit Ratings Market: The Case of Insurers' Ratings [J]. Journal of Financial Economics, 2012, 106 (2): 308 – 330.

[110] Duffie D, Pedersen L, Singleton K. Modeling Credit Spreads on Sov-

ereign Debt: A Case Study of Russian Bonds [J]. Journal of Finance, 2003, 55: 119 - 159.

[111] Duygun M, Ozturk H, Shaban M, et al. Quo Vadis, Raters? A Frontier Approach to Identify Misratings in Sovereign Credit Risk [R]. Economics Department, Universitat Jaume I, Castellón (Spain), 2014.

[112] Easterly W, Rebelo S. Fiscal Policy and Economic Growth [J]. Journal of monetary economics, 1993, 32 (3): 417 -458.

[113] Ederington L H, Goh J C. Bond Rating Agencies and Stock Analysts: Who Knows What When? [J]. Journal of Financial and Quantitative Analysis, 1998, 33 (04): 569 -585.

[114] Elbannan M A. Quality of Internal Control over Financial Reporting, Corporate Governance and Credit Ratings [J]. International Journal of Disclosure and Governance, 2009, 6 (2): 127 - 149

[115] Elton E J, Gruber M J, Agrawal D, Mann C. Factors Affecting the Valuation of Corporate Bonds [J]. Journal of Banking & Finance, 2004, 28 (11): 2747 -2767.

[116] Faccio M, Masulis R W. The Choice of Payment Method in European Mergers and Acquisitions [J]. The Journal of Finance, 2005, 60 (3): 1345 -1388.

[117] Fatnassi I, Ftiti Z, Hasnaoui H. Stock Market Reactions To Sovereign Credit Rating Changes: Evidence From Four European Countries [J]. Journal of Applied Business Research, 2014, 30 (3): 953 -958.

[118] Faulkender M, Petersen M A. Does the Source of Capital Affect Capital Structure? [J]. Review of Financial Studies, 2006, 19 (1): 45 -79.

[119] Ferreira M A, Gama P M. Does Sovereign Debt Ratings News Spill Over to International Stock Markets? [J]. Journal of Banking & Finance, 2007, 31 (10): 3162 -3182.

[120] Ferri G, Liu L G, Stiglitz J E. The Procyclical Role of Rating Agencies: Evidence from the East Asian Crisis [J]. Economic Notes, 1999, 28 (3): 335 -355.

[121] Fourie L, Botha I. Sovereign Credit Rating Contagion in the EU [J]. Procedia Economics and Finance, 2015, 24: 218 -227.

[122] Frank M Z, Goyal V K. Capital Structure Decisions: Which Factors

are Reliably Important? [J]. Financial Management, 2009, 38 (1): 1 -37.

[123] Frankel J A, Romer D. Does Trade Cause Growth? [J]. American Economic Review, 1999, 83 (1): 379 -399.

[124] Frost C A, Credit Rating Agencies in Capital Markets: A Review of Research Evidence on Selected Criticisms of the Agencies [R]. SSRN Working Paper Series, 2006.

[125] Fudenberg D, Levine D K. Maintaining a Reputation when Strategies are Imperfectly Observed [J]. The Review of Economic Studies, 1992, 59 (3): 561 -579.

[126] Gande A, Parsley D C. News Spillovers in the Sovereign Debt Market [J]. Journal of Financial Economics, 2005, 75 (3): 691 -734.

[127] Gande A, Parsley D C. Sovereign Credit Ratings, Transparency and International Portfolio Flows [R]. HKIMR Working Paper No. 12, 2014.

[128] Gheeraert L, Mansour J M. On theImpact of Private Capital Flows on Economic Growth and Development [R]. Working papers CEB, 2005.

[129] Gilchrist S, Himmelberg C P. Evidence on the Role of Cash Flow for Investment [J]. Journal of Monetary Economics, 1995, 36 (3): 541 -572.

[130] Griffin J M, Tang D Y, Did Subjectivity Play a Role in CDO Credit Ratings? [J]. The Journal of Finance, 2012, 67 (4): 1293 -1328.

[131] Hajivassiliou V A. A Simulation Estimation Analysis of the External Debt Crises of Developing Countries [J]. Journal of Applied Econometrics, 1994, 9 (2): 109 -131.

[132] Handa P, Linn S C. Arbitrage Pricing with Estimation Risk [J]. Journal of Financial and Quantitative Analysis, 1993, 28 (1): 81 -100.

[133] Hansen R G. A Theory for the Choice of Exchange Medium in Mergers And Acquisitions [J]. Journal of Business, 1987, 60 (1): 75 -95.

[134] Harford J, Klasa S, Walcott N. Do Firms Have Leverage Targets? Evidence from Acquisitions [J]. Journal of Financial Economics, 2009, 93 (1): 1 -14.

[135] He J, Qian J, Strahan P. Are All Ratings Created Equal? The Impact of Issuer Size on the Pricing of Mortgage-Backed Securities [J]. The Journal of Finance, 2012, 67 (6): 2097 -2137.

[136] Hooper V, Hume T, Kim S J. Sovereign Rating Changes—Do they Provide New Information for Stock Markets? [J]. Economic Systems, 2008, 32 (2): 142-166.

[137] Hovakimian A, Kayhan A, Titman S. Credit Rating Targets [R]. SSRN Working Paper Series, 2009.

[138] Hsueh L P, Kidwell D S, Bond Ratings: Are Two Better than One? [J]. Financial Management, 1988, 17 (1): 46-53.

[139] Huang A Y H, Chen C C, Shen C H. Dynamics of Sovereign Credit Contagion [J]. The Journal of Derivatives, 2014, 22 (1): 27-45.

[140] Hunt. Credit Rating Agencies and the 'Worldwide Credit Crisis?' The Limits of Reputation, the Insufficiency of Reform, and a Proposal for Improvement [J]. Columbia Business Law Review, 2009, 109 (1): 109-183.

[141] Ismailescu I, Kazemi H. The Reaction of Emerging Market Credit Default Swap Spreads to Sovereign Credit Rating Changes [J]. Journal of Banking & Finance, 2010, 34 (12): 2861-2873.

[142] Jain N. Credibility of Credit Ratings in the Present Senario [J]. Sai Om Journal of Commerce & Management: A Peer Reviewed National Journal, 2014, 1 (3): 6-13.

[143] Jain T, Sharma R. Credit Rating Agencies in India: A Case of Authority without Responsibility [J]. Company Law Journal, 2008, 3: 89-109.

[144] Jung B, Soderstrom N, Yang Y S. Earnings Smoothing Activities of Firms to Manage Credit Ratings [J]. Contemporary Accounting Research, 2013, 30 (2): 645-676.

[145] Kaminsky G, Schmukler S L. Emerging Market Instability: do Sovereign Ratings Affect Country Risk and Stock Returns? [J]. The World Bank Economic Review, 2002, 16 (2): 171-195.

[146] Karampatsas N, Petmezas D, Travlos N G. Credit Ratings and the Choice of Payment Method in Mergers and Acquisitions [J]. Journal of Corporate Finance, 2014, 25: 474-493.

[147] Katz S. The Price and Adjustment Process of Bonds to Rating Reclassifications: a Test of Bond Market Efficiency [J]. Journal of Finance, 1974, 29 (2): 551-559.

[148] Kiff J, Nowak S B, Schumacher L B. Are Rating Agencies Powerful? An Investigation into the Impact and Accuracy of Sovereign Ratings [J]. SSRN Working Paper Series, 2012.

[149] Kim Y S, Kim Y, Song K. Credit Rating Changes and Earnings Management [J]. Asia - Pacific Journal of Financial Studies, 2013, 42 (1): 109 - 140.

[150] Kisgen D J. Credit Ratings and Capital Structure [J]. The Journal of Finance, 2006, 61 (3): 1035 - 1072.

[151] Kisgen D J. Do Firms Target Credit Ratings or Leverage Levels? [J]. Journal of Financial and Quantitative Analysis, 2009, 44 (6): 1323 - 1344.

[152] Kisgen D J, Strahan P E, Do Regulations Based on Credit Ratings Affect a Firm's Cost of Capital? [J]. Review of Financial Studies, 2010, 23 (12): 4324 - 4347.

[153] Kliger D, Sarig O. The Information Value of Bond Ratings [J]. The Journal of Finance, 2000, 55 (6): 2879 - 2902.

[154] Kormos, Quis Custodiet Ipsos Custodes: Revisiting Rating Agency Regulation [J]. International Business Law Journal, 2008, 4: 569 - 590.

[155] Larraín G, Reisen H, Von Maltzan J. Emerging Market Risk and Sovereign Credit Ratings [R]. OECD Publishing, 1997.

[156] Lee S H. Ability and Willingness to Service Debt as Explanation for Commercial and Official Rescheduling Cases [J]. Journal of Banking & Finance, 1991, 15 (1): 5 - 27.

[157] Lemmon M L, Zender J F. Debt Capacity and Tests of Capital Structure Theories [J]. Journal of Financial and Quantitative Analysis, 2010, 45 (5): 1161 - 1187.

[158] Li H, Jeon B N, Cho S Y, et al. The Impact of Sovereign Rating Changes and Financial Contagion on Stock Market Returns: Evidence from Five Asian Countries [J]. Global Finance Journal, 2008, 19 (1): 46 - 55.

[159] Listokin Y, Taibleson B. If You Misrate, then You Lose: Improving Credit Rating Accuracy through Incentive Compensation [R]. SSRN Working Paper Series, 2010.

[160] Liu Y, Malatesta P H. Credit Ratings and the Pricing of Seasoned Equi-

ty Offerings [R]. Unpublished working paper (University of Washington), 2006.

[161] Liu P, Seyyed F J, Smith S D. The Independent Impact of Credit Rating Changes-the Case of Moody's Rating Refinement on Yield Premiums [J]. Journal of Business Finance & Accounting, 1999, 26 (3-4): 337-363.

[162] Longstaff F A, Pan J, Pedersen L H, Singleton, K. How Sovereign is Sovereign Credit Risk? [J]. American Economic Journal: Macroeconomics, 2011, 3 (2): 75-103.

[163] Manso G. Feedback Effects of Credit Ratings [J]. Journal of Financial Economics, 2013, 109 (2): 535-548.

[164] Mariano B, Do Reputational Concerns Lead to Reliable Ratings? [R]. SSRN Working Paper Series, 2008.

[165] Mariano B, Market Power and Reputational Concerns in the Ratings Industry [J]. Journal of Banking & Finance, 2012, 36 (6): 1616-1626.

[166] Mateev M. The Effect of Sovereign Credit Rating Announcements on Emerging Bond and Stock Markets: New Evidences [J]. Oxford Journal: An International Journal of Business & Economics, 2014, 7 (1): 28-41.

[167] Mathis J, McAndrews J, Rochet J C, Rating the Raters: Are Reputation Concerns Powerful Enough to Discipline Rating Agencies? [J]. Journal of Monetary Economics, 2009, 56 (5): 657-674.

[168] Michaelides A, Milidonis A, Nishiotis G P, et al. The Adverse Effects of Systematic Leakage Ahead of Official Sovereign Debt Rating Announcements [J]. Journal of Financial Economics, 2015, 116 (3): 526-547.

[169] Micu M, Remolona E, Wooldridge P. The Pricing Impact of Rating Announcements: Evidence from the Credit Default Swap Market [M]. BIS Quarterly Review, 2004.

[170] Millon M H, Thakor A V. Moral hazard and information sharing: A model of financial information gathering agencies [J]. The Journal of Finance, 1985, 40 (5): 1403-1422.

[171] Opp C C, Opp M M, Harris M. Rating Agencies in the Face of Regulation [J]. Journal of Financial Economics, 2013, 108 (1): 46-61.

[172] Pagano M, Volpin P. Credit Ratings Failures and Policy Options [J]. Economic Policy, 2010, 25 (62): 401-431.

[173] Partnoy F, The Siskel and Ebert of Financial Markets: Two Thumbs Down for the Credit Rating Agencies [J]. Washington University Law Quarterly, 1999, 77 (3): 681-686.

[174] Partnoy F, 2001, The Paradox of Credit Ratings [M]. UCSD Law and Economics Working Paper, 2001.

[175] Partnoy F. How and Why Credit Rating Agencies are Not Like Other Gatekeeper [R]. SSRN Working Paper Series, 2006.

[176] Partnoy F. Rethinking Regulation of Credit Rating Agencies: An Institutional Investor Perspective [R]. Legal Studies Research Paper, 2009.

[177] Perraudin W, Taylor A, On the Consistency of Ratings and Bond Market Yields [J]. Journal of Banking & Finance, 2004, 28 (11): 2769-2788.

[178] Pinto A R. Control and Responsibility of Credit Rating Agencies in the United States [J]. The American Journal of Comparative Law, 2006, 54: 341-356.

[179] Reinhart C M. Default, Currency Crises and Sovereign Credit Ratings [R]. National Bureau of Economic Research, 2002.

[180] Reinhart C M, Rogoff K S. From Financial Crash to Debt Crisis [J]. American Economic Review, 2011, 101: 1676-1706.

[181] Reinhart C M, Rogoff K S. Growth in a Time of Debt [J]. American Economic Review, 2010, 100 (2): 573-578.

[182] Reisen H, Von Maltzan J. Sovereign Credit Ratings, Emerging Market Risk and Financial Market Volatility [J]. Intereconomics, 1998, 33 (2): 73-82.

[183] Reisen H, Von Maltzan J. Boom and Bust and Sovereign Ratings [J]. International Finance, 1999, 2 (2): 273-293.

[184] Reiss D J. Ratings Failure: The Need for A Consumer Protection Agenda In Rating Agency Regulation [J]. Banking and Financial Services Policy Report, 2009.

[185] Safari M, Ariff M. Sovereign Credit Rating Change in Emerging Markets and its Impact on Their Financial Markets [J]. International Journal of Bonds and Derivatives, 2015, 1 (3): 203-216.

[186] Sangiorgi F, Sokobin J, Spatt C. Credit-rating Shopping, Selection and the Equilibrium Structure of Ratings [R]. NBER Working Paper Series, 2009.

[187] Scherer F M. Industrial Market Structure and Economic Performance

[M]. Chicago: Rand McNally, 1980.

[188] Sengupta P. Corporate Disclosure Quality and the Cost of Debt [J]. Accounting Review, 1998, 73 (4): 459 -474.

[189] Shapiro C. Premiums for High Quality Products as Returns to Reputations [J]. The Quarterly Journal of Economics, 1983, 98 (4): 659 -679.

[190] Sibert A. Rating Agencies: Role and Influence of Their Sovereign Credit Risk Assessment in the Euro Area [J]. 2012, 50 (6): 912 -921.

[191] Skreta V L, Veldkamp L, Ratings Shopping and Asset Complexity: A Theory of Ratings Inflation [J]. Journal of Monetary Economics, 2009, 56 (5): 678 -695.

[192] Steiner M, Heinke V G. Event Study Concerning International Bond Price Effects of Credit Rating Action [J]. International Journal of Finance and Economics, 2001, 6 (2): 139 -157.

[193] Stigler G J, The Organization of Industry [M]. University of Chicago Press, 1968.

[194] Stiglitz J E, Ferri G, Liu L G. The Procyclical Role of Rating Agencies: Evidence from the East Asian Crisis [J]. Economic Notes, 1999, 28 (3): 335 -355.

[195] Stiglitz J E, Weiss A. Credit Rationing in Markets with Imperfect Information [J]. The American Economic Review, 1981, 71 (3): 393 -410.

[196] Stolper A. Regulation of Credit Rating Agencies [J]. Journal of Banking & Finance, 2009, 33 (7): 1266 -1273.

[197] Strausz R. Honest Certification and the Threat of Capture [J]. International Journal of Industrial Organization, 2005, 23 (1 -2): 45 -62.

[198] Sufi A. Bank Lines of Credit in Corporate Finance: An Empirical Analysis [J]. Review of Financial Studies, 2009, 22 (3): 1057 -1088.

[199] Titman S, Trueman B. Information Quality and the Valuation of New Issues [J]. Journal of Accounting and Economics, 1986, 8 (2): 159 -172.

[200] Treacy W F, Carey M, Credit Risk Rating at Large US Banks [J]. Journal of Banking & Finance, 2000, 24 (1 -2): 167 -201.

[201] Uysal V B. Deviation from the Target Capital Structure and Acquisition Choices [J]. Journal of Financial Economics, 2011, 102 (3): 602 -620.

[202] Vu H, Alsakka R, ap Gwilym O. The Credit Signals that Matter Most for sovereign Bond Spreads with Split Rating [J]. Journal of International Money and Finance, 2015, 53 (C): 174 - 191.

[203] Wang Q, Wong T J, Xia L. State Ownership, the Institutional Environment and Auditor Choice: Evidence from China [J]. Journal of Accounting and Economics, 2008, 46 (1): 112 - 134.

[204] Weber J. Discussion of the Effects of Corporate Governance on Firms' Credit Ratings [J]. Journal of Accounting and Economics, 2006, 42 (1): 245 - 254.

[205] Whited T M. Debt, Liquidity Constraints, and Corporate Investment: Evidence from Panel Data [J]. The Journal of Finance, 1992, 47 (4): 1425 - 1460.

[206] Wrana J, Martín J M. Eurozone Sovereign Bonds and Rating Assessments: Impact on Volatility [J]. Papeles de Europa, 2014, 27 (1): 1 - 32.

[207] Xia H, Strobl G. The Issuer-pays Rating Model and Ratings Inflation: Evidence from Corporate Credit Ratings [R]. Available at SSRN 2002186, 2012.

后　记

本书是在我2016年6月完成博士论文《信用评级业的功能、缺陷与市场结构研究》的基础上，进一步补充和完善形成的研究成果。一直以来，信用评级机构在资本市场扮演了重要角色。然而，自金融危机以来信用评级机构的内在缺陷饱受诟病，如何优化信用评级的信息价值和鉴证功能成为学界和监管部门关注的重要问题。而信用评级机构在中国市场中的作用越来越受到重视。尤其自2018年以来，随着金融业逐渐扩大对外开放，评级行业的变革呈现加速趋势。借此重要现实问题，本书及时、认真地开展了系列研究工作，使本书的研究成果得到了进一步升华。在博士论文的基础上进一步跟踪最新研究进展，进行充实和完善，最终形成了本书的研究成果。

本书的完成离不开笔者的努力，同时更得益于良师益友的全力支持。在博士论文的写作和本书的完善过程中，我多次得到了我的导师——山东大学经济学院秦凤鸣教授的悉心指点。在学术研究上，秦老师一直是我的引导者。我们经常见面讨论学术研究中共同感兴趣的问题。无论是平时的学术课题还是毕业论文或是本书，她都会花费很大精力去阅读我的写作，提出许多非常有建设性的意见，不厌其烦地纠正我写作过程中的文字表达、逻辑结构和实证分析等问题。在这个过程中我深深地感受到秦老师严谨治学的态度，也给予我学术上很大的启发。在这样的锻炼和交流中，我的学术能力有所提高，也顺利完成博士毕业论文的写作。秦老师经常鼓励我参加学术会议，提出一些科研课题来启发和锻炼我的研究水平和技能。另外，秦老师还教会我许多做人的道理，秦老师丰富的人生阅历和感悟让我获益良多。

同时，我还要感谢经济学院的老师们，感谢胡金焱老师、曹廷求老师、徐涛老师、陈强老师、任燕燕老师、孔丹凤老师在预答辩过程中针对博士论文所提出的意见，给予了我很大的启发。感谢戴金平老师、李健老师、张健康老师、姜旭朝老师、曹廷求老师在博士论文答辩过程中给予的宝贵建议。

老师们的建议对完善本书提供了非常宝贵的参考。除了各位老师和专家的指导，还有众多对科研感兴趣的博士同学的帮助。此外，还要感谢山东财经大学金融学院为本书出版提供的资金和平台支持，感谢泰山学者专项资金、山东省高校青创人才引育计划的支持，感谢经济科学出版社刘悦编辑对本书的耐心编校。感谢硕士生梁家铭同学在本书格式等方面给予的协助。

尽管笔者在本书中投入了大量心血，但是，由于精力和学识所限，所做研究难免会有缺陷和不足，也恳请各位同仁批评指正。

李明明

2020 年 11 月于济南